Pensar a lo grande

Pensar a lo GRANDE

*Ejercicios simples y divertidos
para potenciar la creatividad*

Ernie J. Zelinski

ONIRO

Título original: *The Joy of Thinking Big*
Publicado en inglés por Ten Speed Press, Berkeley, CA

Traducción de Joan Carles Guix

Diseño de cubierta: Valerio Viano

Ilustración de cubierta e interiores: Vern Busby

Distribución exclusiva:
Ediciones Paidós Ibérica, S.A.
Mariano Cubí 92 - 08021 Barcelona - España
Editorial Paidós, S.A.I.C.F.
Defensa 599 - 1065 Buenos Aires - Argentina
Editorial Paidós Mexicana, S.A.
Rubén Darío 118, col. Moderna - 03510 México D.F. - México

© 2001 exclusivo de todas las ediciones en lengua española:
Ediciones Oniro, S.A.
Muntaner 261, 3.º 2.ª - 08021 Barcelona - España
(oniro@edicionesoniro.com - www.edicionesoniro.com)

ISBN: 84-95456-79-6
Depósito legal: B-33.658-2001

Impreso en Hurope, S.L.
Lima, 3 bis - 08030 Barcelona

Impreso en España - *Printed in Spain*

A toda la gente creativa que en el transcurso de las épocas se ha sentido atraída por el riesgo, ha querido ser diferente, se ha atrevido a desafiar el statu quo y ha puesto el dedo en la llaga, influyendo muy positivamente en el mundo que nos rodea.

Índice

Prólogo

La paradoja de la creatividad

La mayoría de la gente sigue infrautilizando una de las fuentes vitales para el éxito profesional y personal en la vida moderna. Se trata de una fuente que es más poderosa y abundante que las reservas financieras, los activos materiales, los amigos incondicionales y la fidelidad de los clientes. Estoy hablando de la creatividad personal, una fuente renovable cuyo desarrollo resulta realmente económico. Si se usa como es debido, la creatividad se puede convertir en nuestro activo más importante para la consecución del éxito personal.

La creatividad es un recurso inherente al ser humano, aunque son muy pocas las personas que lo utilizan correctamente. Las razones son innumerables. Hay quienes son conscientes de ello, pero no saben cómo hacerlo; hay quienes usan la creatividad, pero no con la frecuencia que deberían; hay quienes temen usarla; pero sólo una pequeña minoría ha conseguido sacar el máximo partido de los indudables beneficios derivados de esta capacidad personal.

> Ten cuidado cuando el gran Dios permite que un pensador fracase en este planeta.
>
> *Ralph Waldo Emerson*

Este libro explica lo que hay que hacer para fomentar la creatividad. Y ¿cómo sé que es necesario fomentar tu creatividad?, te preguntarás. En realidad, no lo sé. Sin embargo, durante estos últimos años, al tiempo que me dedicaba a enseñar creatividad, he tenido la ocasión de observar algunas cosas muy interesantes sobre este particular. Ante todo, una curiosa y evidente paradoja: la gente y las organizaciones que más necesitan fomentar sus capacidades creativas son las más reacias a participar en cualquier actividad de aprendizaje.

Lo contrario también es cierto: la gente creativa y las compañías innovadoras son los que más se preocupan de desarrollar permanentemente la creatividad. Son los primeros en buscar caminos nuevos y no tan nuevos con el fin de estimular al máximo su potencial creativo. Un buen ejemplo es Grant Lovig y su personal en Company's Coming Publishing, que ayudaron a la madre de Grant, Jean Paré, a comercializar más de diez millones de sus recetarios de cocina *Company's Coming* en un mercado canadiense en el que cinco mil ejemplares ya se consideraba un *bestseller*. Con su éxito sin precedentes en el marketing innovador, la plantilla de Company's Coming es uno de los grupos empresariales que conozco menos necesitados de lecciones teórico-prácticas de creatividad e innovación. Aun así, Grant y sus colaboradores se mostraron extraordinariamente receptivos en un seminario sobre creatividad que organicé para ellos. Son muchísimas las personas y organizaciones que necesitan saber más cosas sobre lo que hay que hacer para ser más innovador. Se podrían beneficiar inmensamente mejorando su pensamiento creativo. Pero su actitud es demasiado pasiva. Al no comprender los beneficios que acarrea, nunca se decidirán a aprender lo que significa la creatividad, y como es lógico, jamás comprenderán los beneficios que acarrea hasta que se decidan a aprender lo que significa.

> No hay nada más peligroso que una idea cuando es la única que tenemos.
>
> *Émile Chartier*

¿Por qué los individuos más creativos dedican una parte de su tiempo a fomentar su creatividad? La mejora de la creatividad es como la mayoría de las actividades de autodesarrollo. El autodesarrollo no es un destino, sino un viaje. Incluso la gente creativa tiene que practicar y recordarse a sí misma qué es lo que hace creativo y triunfador al hombre. Lo que diferencia a las personas con éxito de las demás es que siempre participan en interesantes viajes de aprendizaje. Son dinámicos y emprendedores. Están comprometidos en una lucha permanente por el autodesarrollo. El resto de la gente no es dinámica ni emprendedora. Tal vez les interesen los destinos, pero se muestran reacios a realizar los viajes. Y sin viajes, no hay destinos.

El viaje del aprendizaje nos ayuda a llegar a nuevos y emocionantes lugares. Deseo que los lectores de mis libros y cuantos participan en mis seminarios disfruten de un provechoso viaje, al igual que el maravilloso periplo del que he disfrutado yo aprendiendo y enseñando creatividad a los demás. ¡Buen viaje!

Introducción
a la creatividad
y a la innovación

¿Qué sentido tiene ser creativo?

Espero que este libro no sólo te proporcione un par de técnicas más que puedas añadir a las que ya estás utilizando, sino que te abra las puertas a una nueva forma de vida. Si estás decidido a aplicar la creatividad al trabajo y a las horas de ocio, tu vida experimentará un cambio radical, independientemente de tu edad, educación, sexo, estado civil o profesión.

En la presentación de mis seminarios a asociaciones profesionales, suelo empezar diciendo: «Un hombre de negocios creativo es un emprendedor; un conferenciante creativo es un orador; un fundidor creativo es un escultor; un ingeniero creativo es un inventor, y un contable creativo es..., bueno, supongo que un contable creativo es un malversador de fondos». Como es natural, estoy bromeando. Los contables no tienen que ser malversadores de fondos para ser creativos. Incluso aquéllos que están obligados a ceñirse a directrices rígidas y estrictas en el desempeño de su trabajo tienen la oportunidad de ser creativos en muchos otros aspectos de su tarea diaria.

> Todo el mundo es un genio por lo menos una vez en la vida; un auténtico genio mantiene permanentemente unidas sus ideas originales.
>
> *G. C. Lichtenberg*

Lo mismo se aplica a ti. Tanto si eres enfermera, maestro de escuela, conserje, sacerdote, ama de casa, director, conductor de camión o camarero, tienes la posibilidad de descubrir áreas en tu trabajo en las que puedes ser más creativo. No te engañes, aunque seas un profesional de la publicidad, cometerías un grave error si creyeras que en este sector todo el mundo es creativo por naturaleza y que lo tanto sería una pérdida de tiempo adiestrarte en creatividad. En mis seminarios, diversas personas que trabajan en publicidad

13

han comentado lo poco creativa que es una buena parte de la gente en este sector, y recientemente, la revista *Toronto Star* ha publicado un artículo sobre la falta de creatividad en la publicidad. También te puedes beneficiar de la creatividad en el tiempo libre. Para organizar las actividades de ocio es mucho más importante ser creativo que tener un montón de dinero. Debes tener en cuenta que si no has conseguido desarrollar la capacidad de ser creativo en el tiempo libre antes de la jubilación, llegarás a la conclusión de que la vida del ocio es el mayor timo desde la última vez en que un desconocido pretendió venderte el puente de Brooklyn o una marisma en Florida.

Si crees que hoy en día no hace falta ser creativo para triunfar, reflexiona otra vez, y otra, y otra más. (Sólo intento acelerar tu mente para lo que viene a continuación.) Las personas de mayor éxito en el nuevo milenio serán muy creativas, capaces de pensar con flexibilidad y de adaptarse a los cambios rápidos.

Cada vez es mayor el número de empresarios y líderes políticos que se rodean de empleados y colaboradores supercreativos para que sus organizaciones puedan sobrevivir en la economía global y en un mundo que cambia a la velocidad del rayo. Las instituciones educativas han comprendido la necesidad de enseñar creatividad desde el jardín de infancia hasta los programas para licenciados en la universidad. Así, por ejemplo, varias facultades de empresariales en diferentes universidades norteamericanas, como la Graduate School of Business, en la Universidad de Standford, incluyen cursos de mejora de la creatividad personal en su curriculum académico.

¿Qué es un «cleb»? Un «belc» pronunciado al revés.

La creatividad constituye la ventaja competitiva empresarial en un mundo como el actual, sometido a cambios rápidos y constantes. Es el talento especial que desarrolla el segmento de mercado correcto, la percepción que permite identificar una forma mejor y más económica de fabricar los productos de la compañía, y la innovación que contribuye a la prosperidad de un negocio mientras otros fracasan.

Las corporaciones de éxito en un futuro inmediato serán las más innovadoras. La creatividad precede a la innovación, y ésta sólo se consigue cuando las organizaciones disponen de una plantilla muy creativa. Si quieres triunfar como empleado o empresario, deberás ser una de estas personas dotadas de un elevado nivel de creatividad.

Ejercicio I-1. La creatividad y tú

1. Define brevemente la creatividad.

2. ¿Cómo puedes beneficiarte de la creatividad en tu profesión?

3. ¿Cómo puedes beneficiarte de la creatividad en tu vida privada?

4. ¿Cuál fue la última vez que fuiste creativo? ¿Cómo?
    - Hoy:
    - Ayer:
    - La semana pasada:
    - El mes pasado o antes:

5. ¿Qué te motiva a ser creativo?

6. ¿En qué clase de entorno eres más creativo?

7. ¿Qué principios consideras importantes para ser más creativo?

La creatividad consiste en tener una tarta y además comérsela

¿Qué es la creatividad? Cuando se formula esta pregunta, siempre se obtiene un buen número de definiciones interesantes. Veamos algunas de las más habituales que suelen dar los participantes en mis seminarios:

- Creatividad es ser diferente.
- Creatividad es la Mona Lisa.
- Creatividad es pensar de otro modo.
- Creatividad es vivir feliz sin trabajar.
- Creatividad es ser un genio.
- Creatividad es tener una tarta y además comértela.
- Creatividad es querer saber.
- Creatividad es ser capaz de resolver problemas.
- Creatividad es algo que los niños dominan.
- Creatividad es gastarle una broma a un amigo.
- Creatividad es ser irrazonable y alocado.
- Creatividad es la capacidad de disfrutar de casi todo en la vida.
- Creatividad es soñar despierto en el trabajo sin que nadie se dé cuenta.
- Creatividad es ser capaz de generar muchas alternativas a cualquier problema.

Éstas son sólo unas cuantas de las innumerables definiciones posibles de la creatividad. Todas ellas representan una parte de la esencia del proceso creativo. Incluso la que dice que la «creatividad es ser un genio» puede resultar apropiada; al fin y al cabo, todos tenemos algo de genio en nuestro interior. Creatividad significa cosas distintas para personas diferentes. La creatividad es una experiencia, y de algún modo, todas nuestras experiencias son distintas. La miríada de definiciones posibles refleja las múltiples caras de la creatividad.

Personalmente, suelo definir la creatividad como «la alegría de no saberlo todo». «La alegría de no saberlo todo» se refiere a darse cuenta de que casi nunca —o nunca— tenemos todas las respuestas y de que tenemos la capacidad de generar más soluciones a cualquier problema. Ser creativo es ser capaz de ver o imaginar una cantidad abrumadora de oportunidades en los problemas de la vida. Creatividad es tener muchas opciones. Este libro pretende fomentar la capacidad para generar oportunidades y alternativas que, de lo contrario, serías incapaz de crear.

A modo de definición general, podríamos decir que la creatividad es la capacidad de pensar o de hacer algo nuevo. Pero no nuevo para todo el mundo, sino para la persona que está pensando o actuando. La capacidad de concebir algo nuevo no suele ser hereditaria ni una exclusiva de quienes poseen un nivel académico extremadamente elevado.

La creatividad se puede aprender. No hay magia alguna asociada a la capacidad de ver más y de concebir ideas o soluciones nuevas. La creatividad es una técnica de pensamiento que cualquiera puede desarrollar, ya que no es difícil de dominar. Independientemente de cuál sea tu nivel de maestría, la creatividad siempre es susceptible de mejora. Basta ser consciente de algunos principios básicos y aplicarlos a la vida cotidiana. Tanto las organizaciones como los individuos pueden obtener un sinfín de beneficios practicando la creatividad.

Mi objetivo fundamental consiste en ayudarte a descubrir el genio que hay en ti. Luego, podrás tener la tarta y además comértela. ¿Cómo? Es bastante fácil: procúrate dos tartas.

Diecisiete principios (más o menos) de la creatividad

A continuación se enumeran diecisiete principios que considero fundamentales para ser creativo en el trabajo o en el tiempo libre. No pretendo afirmar ni mucho menos que sean los únicos principios eficaces para fomentar la creatividad. Existen otros principios y otras técnicas. El objetivo consiste en potenciar tu capacidad de ver y generar más opciones utilizando el mayor número de técnicas posible.

Diecisiete principios de la creatividad

- Elige ser creativo.
- Busca muchas soluciones.
- Escribe todas tus ideas.
- Analiza detenidamente tus ideas.
- Define tus objetivos.
- Considera los problemas como oportunidades.
- Busca lo evidente.
- Asume riesgos.

La creatividad es la desaparición repentina de la estupidez.

Doctor E. Land (inventor de la cámara Polaroid)

- Atrévete a ser diferente.
- Sé irrazonable.
- Diviértete y sé alocado.
- Sé espontáneo.
- Vive el presente.
- Practica el pensamiento divergente.
- Desafía las normas y suposiciones.
- Demora tu decisión.
- Sé persistente.

No olvides el problema

Si usas los principios de la creatividad enumerados en el apartado anterior para resolver tus problemas, fomentarás tu carrera profesional y tu vida privada. Como es lógico, para aplicarlos a cualquier problema, primero tendrás que identificar el problema.

> La mente no creativa puede descubrir respuestas erróneas, pero sólo una mente creativa puede descubrir preguntas erróneas.
>
> *Anthony Jay*

Quizá creas que tu problema reside en la infelicidad derivada de no tener pareja sentimental, cuando en realidad, el verdadero problema es que eres infeliz a causa de una falta de autoestima. Genera un millón de soluciones para encontrar tu media naranja y es posible que lo consigas, pero la infelicidad persistirá, ya que no has resuelto el verdadero problema de tu escasa autoestima. Si defines correctamente el problema como una infelicidad asociada a la falta de autoestima, las soluciones serán mucho más eficaces.

Identificar el problema es crucial. Te pondré un ejemplo. En una conferencia para jóvenes en el hotel Banff Springs, sobre el éxito juvenil, lo tenía todo preparado para hacer mi discurso de presentación, pero el técnico de sonido del hotel parecía empeñado en hacerme la vida imposible a causa de la evidente retroacción del equipo. Me pidió que apagara el micrófono inalámbrico de clip, y así lo hice.

> No es que sean incapaces de ver la solución, sino de ver el problema.
>
> *G. K. Chesterton*

Pero la reverberación persistía y me pidió que apagara el conmutador de la fuente de suministro eléctrico, y también lo hice. Quince minutos más tarde de la hora a la que se suponía que tenía que haber empezado la sesión, el técnico echaba chispas, intentando adivinar el origen de la retroacción. Para su asombro, la desconexión del sistema acústico principal y del micrófono no habían resuelto el problema.

18

Entonces pensé: «¿Hemos identificado correctamente el problema?». Me dirigí al fondo de la sala y allí estaba el verdadero problema. Cuatro alumnos de instituto estaban frotando el borde de sus respectivos vasos de agua con el dedo índice, generando un sonido agudo característico que habrás oído en más de una ocasión y muy similar al de la retroacción de un equipo de sonido. Al no haber identificado correctamente el problema, no habíamos tenido la oportunidad de encontrar una solución eficaz. De no haberlo identificado, aún estaríamos allí intentando imaginar cuál era la causa de la retroacción.

Las cuatro etapas de la creatividad

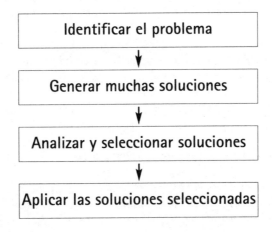

Voy a ponerte otro ejemplo de identificación incorrecta de un problema, que a punto estuvo de costarme muchísimo tiempo y dinero. En los inicios de mi profesión como conferenciante, envié un folleto sobre seminarios de creatividad a los presidentes y directores de recursos humanos de una larga lista de empresas. Al obtener una escasa respuesta, supuse que el folleto carecía de interés (identificación incorrecta del problema), pero antes de gastar dinero en una edición más cara, decidí analizar detenidamente la situación. Al final, descubrí que el auténtico problema consistía en cómo llamar la atención y despertar el interés de los entes decisores de

> Un problema bien planteado es un problema medio resuelto.
>
> *Charles F. Kettering*

las firmas (identificación correcta del problema). Luego me formulé una pregunta tonta: «¿Realmente necesito un folleto?». La respuesta fue rotunda: «¡No!». En lugar de gastar más dinero en otro folleto que la mayoría de la gente arrojaría a la papelera sin ni siquiera haberlo leído, a causa de la infinidad de publicidad que reciben a diario, diseñé un ejercicio y lo adjunté a la siguiente carta. Resultó veinte veces más eficaz como mailing que un carísimo folleto.

Sr. Anderson, Director General
CFFC Radio Network
Vancouver, BC

.

Apreciado Sr. Anderson:

Me gustaría que reflexionara sobre la siguiente pregunta: ¿Son innovadores sus empleados clave? Es posible que no lo sean tanto como usted desearía. Hoy en día, las organizaciones más imaginativas son las que convierten las ideas en millones de dólares. En esta situación, su empresa sólo tiene dos alternativas: ser creativa o quedarse atrás. Sus empleados deberían ser innovadores en la creación de nuevos servicios, incremento de la productividad, búsqueda de nuevas fórmulas para promocionar los productos y desarrollo de nuevos segmentos de mercado.

He aquí una forma muy interesante de saber hasta qué punto son innovadores sus empleados. Pídales que realicen este desafiante ejercicio.

Ejercicio: ¿Qué tienen en común una cama, un libro y una cerveza?

Los empleados muy innovadores no tendrán el menor problema para encontrar un mínimo de veinte respuestas. A muchos otros sólo se les ocurrirán cinco o seis, y algunos no pasarán de una o dos. Piense en las oportunidades de negocio perdidas si existen más de veinte nuevas oportunidades a la disposición del que pueda atraparlas y sus empleados sólo identifican una o dos.

En el transcurso de los próximos días le enviaré una lista de treinta respuestas a este ejercicio (generadas por una sola persona), añadiéndole algunos aspectos con los que puede fomentar la creatividad de todos sus empleados, incluso de los que ya son muy innovadores.

Saludos cordiales.

Ernie J. Zelinski

Así pues, no olvides dedicar un poco de tiempo, o mucho si es preciso, a analizar cuál es tu problema. ¿Qué sentido tendría concebir una relación interminable de brillantes soluciones si no sabes exactamente en qué consiste el problema? Una vez identificado, generado el máximo número posible de soluciones y analizadas una a una, estarás preparado para aplicar las que hayas seleccionado. En la fase de aplicación descubrirás invariablemente la aparición de un nuevo problema. No desesperes. Es una oportunidad para volver a ser creativo utilizando los diecisiete principios de la creatividad según las cuatro etapas que hemos visto anteriormente.

El principio más importante de la creatividad

La creatividad es una fuerza muy importante que nos ayuda a sentirnos realmente vivos. El individuo muy creativo descubre constantemente nuevos eventos, encuentra nuevas formas de hacer las cosas y comprende mucho mejor su funcionamiento. La gente creativa es flexible. El taoísmo ensalza la virtud de la flexibilidad. Lo que sobrevive en la Tierra es lo que consigue adaptarse sin esfuerzo al entorno y a las circunstancias cambiantes. La flexibilidad te permitirá cambiar los planes a medio camino, responder a lo inesperado y reorganizar un programa sin experimentar el menor trastorno emocional.

> Para crear, primero hay que destruir.
>
> *Pablo Picasso*

Empieza a ser más creativo ahora mismo y no olvides nunca que la imaginación es esencial para el éxito en la vida. En cualquier sector profesional, las personas imaginativas son las que triunfan a largo plazo, las que ven oportunidades donde los demás ven problemas insuperables. Ante una situación difícil, el individuo creativo no se queja ni se compadece, sino que actúa. El uso de la creatividad personal determina una buena parte de los éxitos, incluyendo el logro de ascensos, la felicidad, el desarrollo de relaciones significativas y el mantenimiento de la salud física y psíquica.

Por cierto, además de aquellos diecisiete principios, no quiero terminar esta sección sin citar otro más, el más importante: ignora todos los principios de la creatividad que no se ajusten a las características de tu vida. ¿Quién dice que existe un modo correcto o incorrecto de ser creativo? Utiliza cualquier método que te permita alcanzar el objetivo: fomentar la capacidad de ver y generar más alternativas en la vida mediante el uso del mayor número posible de técnicas.

CAPÍTULO
1

Cómo ser creativo
y escribir *graffitis*

Si quieres ser más creativo, olvida lo que sabes

Vamos a empezar este capítulo con el siguiente ejercicio.

Ejercicio 1-1. Colón y las cabezas de huevo

En la corte real española, Cristóbal Colón preguntó a los presentes si serían capaces de sostener en pie un huevo apoyado en uno de sus extremos. Lo intentaron, pero fue en vano. Creían que era imposible.

Pero Colón les aseguró que era muy fácil. Los cortesanos apostaron a que no sería capaz de hacerlo. Colón lo consiguió y se embolsó la apuesta, ante el asombro y la frustración de los cortesanos.

¿Qué crees que hizo?

> La felicidad reside en el júbilo por lo que se ha logrado y el reto del esfuerzo creativo.
>
> *Franklin D. Roosevelt*

Seguro que lo sabes, pero si nunca hubieras oído hablar de este acertijo, ¿podrías concebir algunas buenas ideas para resolverlo? (véase Notas del capítulo, p. 30, para las soluciones). ¿Se trata de ideas innovadoras o te has limitado a lo que ya sabías de antemano? Ten en cuenta que la creatividad va más allá de lo que ya se sabe. Lo sabido es simple conocimiento.

Conocimiento no es lo mismo que creatividad; la creatividad trasciende el conocimiento. Diferenciar estos dos conceptos es fundamental. Mucha gente cree que memorizando una pléyade de datos y cifras lograrán triunfar en la vida. Y quizá lo consigan en relación con aspectos triviales de la misma, pero para tener éxito en las cosas realmente significativas, hay que ser creativo. La capacidad de pensar en nuevas formas de hacer algo es mucho más importante que la de recordar qué equipo ganó la Stanley Cup o qué compañías del ranking Fortune 500 obtuvieron los beneficios más elevados el año pasado.

> ¿Qué hay en tu mente si transiges con la exageración?
>
> *Fred Allen*

Si quieres ser más creativo, deja a un lado el conocimiento. Es posible que tengas que desafiar e incluso olvidar lo que sabes. La diferencia entre creatividad y conocimiento es crucial. Stephen Leacock dijo: «Personalmente, hubiese preferido escribir *Alicia en el país de las maravillas* que toda la *Enciclopedia Británica*», y Albert Einstein se refería a lo mismo cuando dijo: «La imaginación es mucho más importante que el conocimiento». En realidad, lo que Leacock y Einstein estaban diciendo es que la imaginación trasciende el conocimiento.

Hemos definido la creatividad, en un sentido amplio, como la capacidad de concebir algo nuevo. ¿Hasta qué punto eran nuevas tus ideas sobre la forma de sostener en pie un huevo apoyado en uno de sus extremos? El conocimiento de los métodos precedentes puede resultar valioso, aunque a menudo, si lo que se desea es encontrar más soluciones eficaces, hay que recurrir a ideas frescas. El pensamiento innovador consiste en enfocar desde nuevas perspectivas las situaciones y los problemas de la vida para poder reducirlos a su mínima expresión.

> Muy pocas personas hacen algo creativo después de los treinta y cinco años. Eso se debe a que muy pocas personas hacen algo creativo antes de los treinta y cinco años.
>
> *Joel Hildebrand*

Todo cuanto nos rodea es susceptible de ser analizado desde un nuevo punto de vista. Abraham Maslow señaló que una sopa enlatada realmente exquisita puede ser tan creativa como la más extraordinaria de las obras pictóricas o la más maravillosa de las sinfonías. La creatividad se puede encontrar en la música, la pintura, la gastronomía, la ingeniería, la ebanistería, la contabilidad, el derecho, la economía, el ocio y el deporte. Nos ha acompañado desde la noche de los tiempos y seguirá desempeñando una función primordial en nuestro desarrollo futuro.

¿Hasta qué punto eres realmente creativo?

Si quieres, puedes ser más creativo tanto en el trabajo como en el tiempo libre. La pregunta es: ¿hasta qué punto eres realmente creativo? Me gustaría que realizaras el ejercicio 1-2, es decir, el que adjunté a la carta de la página 20.

24

Ejercicio 1-2

¿Qué tienen en común una cama, un libro y una cerveza?

Los individuos supercreativos no tendrán ningún problema en dar un mínimo de veinte respuestas al enigma, la mayoría de la gente conseguirá cinco o seis, y algunos no pasarán de una o dos. Si no se te ha ocurrido más de una o dos soluciones a este ejercicio, ¿tampoco se te ocurrirá más de una o dos soluciones a tus problemas cotidianos en el trabajo o en el tiempo libre?

Si no se te ha ocurrido más de una o dos soluciones a este ejercicio, es evidente que no te has esforzado lo suficiente para resolverlo. Cuando veas las soluciones que te propongo (véase Notas del capítulo, p. 30), te darás cuenta de que el número de posibilidades de resolver no sólo este ejercicio, sino también muchos de los problemas de la vida, es interminable. Si sólo eres capaz de concebir una o dos soluciones cuando en realidad son innumerables o, en algunos casos, infinitas, estás dejando pasar un sinfín de oportunidades en la vida.

En el trabajo y el tiempo libre, el uso de la creatividad también es ilimitado. La creatividad está presente en todas las facetas de la vida humana. Desde el *graffiti* hasta el abogado creativo de los que se habla en las páginas siguientes, hasta los ejemplos que se citan en los próximos capítulos, descubrirás muchas formas de usar la creatividad para potenciar tu vida. Entre los beneficios derivados de hacer el esfuerzo de ser más creativo figuran el aumento de la autoestima, el crecimiento personal, el mayor entusiasmo para superar las dificultades, la mayor confianza para afrontar nuevos retos y distintas perspectivas del trabajo y de la vida privada.

Lo que cama, libro y cerveza tienen en común es que ese chiflado de Zelinski los ha reunido en un estúpido ejercicio.

Incluso los abogados pueden ser creativos

El verdadero relato de lo acontecido en el juicio que se describe a continuación demuestra que los abogados, al igual que cualquier otra persona, también pueden ser creativos.

La creatividad en spray
(La creatividad de un buen graffiti)

Dios está muerto.
—Nietzsche
Nietzsche está muerto.
— Dios

¡PREPÁRATE PARA REUNIRTE CON DIOS!
(AMERICANA Y CORBATA, NADA DE VAQUEROS)

¡Deberíamos colgar a todos los extremistas!

A Eva le tendieron una trampa

¡JESÚS SALVA!
(PERO EL DIABLO SE HACE CON EL REBOTE Y ENCESTA)

LA MUERTE ES UN MODO NATURAL DE DECIRTE QUE NO CORRAS TANTO

EL PUNTO DE VISTA ES RELATIVO
(DIJO PICASSO A EINSTEIN)

La realidad es para quienes no soportan la bebida o las drogas

Los que cometéis faltas de ortografía en todo el mundo, ¡uníos!

Bebe un trago de cemento húmedo y te quedarás de piedra

¡Mickey Mouse es una rata!

Daría el brazo izquierdo por ser ambidiestro

POR FAVOR, NO TIRE DE LA CADENA CUANDO EL TREN ESTÉ EN LA ESTACIÓN
(¡EXCEPTO EN PITTSBURGH!)

La educación sexual es interesante, pero nunca me ponen deberes

No soporto la intolerancia

Roy Rogers inventó la felicidad

¡Isaac Newton tenía razón! Éste es el centro del graffiti

SOY ESQUIZOFRÉNICO.
(YO TAMBIÉN. YA SOMOS CUATRO)

El poder corrompe. El poder absoluto es aun más divertido

¡NO MIRES ARRIBA! ¡LA CLAVE ESTÁ EN TUS MANOS!
(escrito desde lo alto de un urinario)

Mi padre dice que no funcionan
(escrito en una máquina expendedora de preservativos)

LA SOLTERÍA NO ES UN RASGO HEREDITARIO

Los días del graffiti están contados.
La escritura está en la pared

BILL STICKERS SERÁ JUZGADO.
(Bill Stickers es inocente. ¡Punto final!)

El 23 de noviembre de 1917 H. C. Humphrey y H. G. Chard presentaron una demanda en el tribunal de distrito de Battleford por daños a su cerda, supuestamente causados por un cerdo propiedad del acusado, Joseph Odishaw. Una parte de la demanda decía lo siguiente:

> No escribiré más libros en lo que queda de año, pues estoy meditando otro pleito y buscando un acusado.
>
> *Mark Twain*

Que el 4 de noviembre de 1917, o alrededor de esta fecha, el Acusado dejó en libertad a un cerdo de su propiedad contraviniendo las disposiciones de la ley, y que dicho cerdo penetró en las tierras de los Demandantes, descritas con anterioridad, el 4 de noviembre de 1917, o alrededor de esta fecha, cubriendo a la valiosa cerda de los Demandantes, que quedó preñada, lo cual ocasionó graves pérdidas a los Demandantes.

A la vista de lo que antecede, los Demandantes reclaman 200 dólares por los daños causados y la condena del Acusado a las costas procesales.

El 14 de enero de 1918, el abogado defensor, A. M. Panton K. C., de la ciudad de North Battleford, presentó la contestación a la demanda. El tercer considerando del escrito de la defensa dice lo siguiente:

El Acusado afirma que su cerdo entró en las tierras de los Demandantes y tuvo relaciones sexuales con la mencionada cerda a solicitud de ésta, y que su cerdo simplemente cedió a sus lisonjas, de tal modo que la susodicha cerda es la única culpable del comportamiento que ha originado la demanda o, por lo menos, se halla en «pari delicto» con el del mencionado cerdo, y acusa a los Demandantes de ofender la moral pública al tener una cerda de hábitos tan depravados que corrompen la moral del vecindario.

El Acusado renuncia a su derecho a presentar una contrademanda contra los Demandantes por mermar la potencia vital del mencionado cerdo, de la que podría depender el sustento del Acusado.

En consecuencia, el Acusado solicita la desestimación de esta demanda y la condena de los Demandantes a las costas procesales.

Aunque no se ha conservado registro alguno de la sentencia, todo parece indicar que el caso fue sobreseído.

¿Tiene importancia la tendencia a la izquierda o a la derecha del cerebro?

Hay dos clases de pensamiento creativo y ambos son importantes para el proceso creativo.

Soluciones
Pensamiento fuerte
Pensamiento débil

Pensamiento débil. Es el modo de pensar que la mayoría de la gente puede mejorar. Muchos artistas y músicos son buenos en este tipo de pensamiento. Los sistemas y las instituciones escolares suelen fruncir el entrecejo si pensamos débil.

El pensamiento débil requiere flexibilidad y azar. Implica lo irrazonable y lo no sentencioso. El humor y la picardía son fruto del pensamiento débil. Se trata de una forma de pensar muy valiosa para generar una gran cantidad de ideas. Según los investigadores, el pensamiento débil se desarrolla en el lóbulo derecho del cerebro. En términos generales, para resolver problemas el pensamiento débil debería preceder al pensamiento fuerte.

Así que eres un artista. Todos vosotros tenéis alguna especie de tendencia hacia el lóbulo derecho del cerebro, ¿verdad?

Pensamiento fuerte. Es el tipo de pensamiento más habitual en la inmensa mayoría de nosotros. Es el pensamiento analítico que recompensan los sistemas e instituciones escolares. Este modo de pensar nos hace lógicos y prácticos, es decir, lo que los padres desean para sus hijos. La sociedad también prefiere a las personas lógicas y prácticas.

El pensamiento fuerte es necesario para analizar las ideas, cuando nos concentramos en las posibles soluciones a nuestros problemas. Usamos el pensamiento fuerte para poner en marcha un plan. El lóbulo izquierdo del cerebro es el responsable de esta forma de pensar.

Lóbulo cerebral izquierdo	Lóbulo cerebral derecho
práctico serio analítico estructurado sentencioso ordenado	irrazonable pícaro intuitivo flexible no sentencioso casual
Pensamiento fuerte	Pensamiento débil

Soluciones. Las soluciones requieren ambos procesos de pensamiento para gozar de calidad y cantidad. Sin embargo, la mayoría de la gente no utiliza con eficacia ambos estilos intelectivos. Son muchos los que usan principalmente el proceso de pensamiento fuerte y muy pocos los que recurren al proceso de pensamiento débil.

Éxito creativo = pensamiento fuerte + pensamiento débil

Las soluciones innovadoras dependen de estos dos modos de pensar. En primer lugar, deberíamos generar muchas ideas mediante el pensamiento débil, y luego, aprovechando los procesos del pensamiento fuerte, evaluarlas a tenor de sus méritos. El resultado final debería materializarse en diversas alternativas de calidad para el problema en cuestión.

El verdadero pensamiento creativo reside en un equilibrio entre pensamiento fuerte y pensamiento débil, y en su respectiva aplicación en el momento oportuno. La resolución de problemas sobre la base del pensamiento fuerte no es eficaz si hay pocas ideas con las que trabajar. De un modo similar, de nada sirve haber generado muchísimas ideas mediante el pensamiento débil si no se han analizado y puesto en práctica correctamente.

Es importante destacar que algunos investigadores se muestran reacios a admitir la tendencia actual a etiquetar a los seres humanos como pensadores de lóbulo cerebral derecho o pensadores de lóbulo cerebral izquierdo. El peligro estriba en que algunas personas tendrán una excusa para autolimitarse a utilizar la etiqueta de lóbulo derecho o lóbulo izquierdo y decir algo así como: «Bueno, al fin y al cabo soy un pensador de lóbulo derecho del cerebro. Es lógico que sea un desastre haciendo presupuestos y ciñéndome a ellos».

Todos podemos desarrollar los procesos del pensamiento débil y fuerte. Los científicos han calculado que el cerebro humano se compone de alrededor de un billón de células cerebrales (un millón de millones o 1.000.000.000.000), pero, por lo que se refiere a la creatividad, conozco algunas personas que dan la sensación de usar sólo unas mil células de aquel billón y que funcionan a un más que modesto nivel de CI de 18.

En efecto, aproximadamente el 95% de la gente se siente insatisfecha con su rendimiento mental. Según los investigadores, la mayoría de los seres humanos sólo utilizan el 10% de su cerebro, independientemente de que predomine el lóbulo derecho o el izquierdo. No es pues de extrañar que una gran parte de la humanidad adolezca de falta de creatividad, teniendo en cuenta que está desperdiciando el 90% restante.

Tanto si predomina el lóbulo izquierdo como el derecho, todos tenemos miles de millones de células cerebrales infrautilizadas en los hemisferios dominantes y en los no dominantes de nuestro cerebro, y todos podemos funcionar mejor en aquellas áreas a las que achacamos cierta debilidad. Lo único que se necesita es un poco de esfuerzo.

> No discutas conmigo, Rivers. Tengo un CI de 160.
>
> *Reggie Jackson*
>
> Jackson, ni siquiera sabes deletrear CI.
>
> *Micky Rivers*

Notas del capítulo

Ejercicio 1-1. Colón se dirigió a la cocina y coció el huevo. Luego aplastó un extremo golpeándolo sobre la mesa. *Et voilà!* ¡El huevo se sostenía en pie!

Claro que existen otras muchas formas de sostener en pie un huevo apoyado en uno de sus extremos. En mis seminarios he recogido veinte como mínimo. Si quieres descubrirlas, consulta el Anexo en la página 207.

Ejercicio 1-2. He aquí algunas de las soluciones más evidentes y aburridas. Inspírate en ellas para concebir otras de tu propia cosecha.

- Todos se anuncian en las revistas.
- Todos se venden.
- Todos experimentan un proceso de fabricación.
- Los tres están destinados al uso del ser humano.
- Los tres términos figuran en el diccionario de la lengua castellana.
- Los tres son nombres comunes.
- Los tres son palabras formadas por vocales y consonantes.
- Las tres palabras son de número singular.

En el Anexo (página 207) encontrarás algunas soluciones muy interesantes a este ejercicio. A la vista de ellas, es fácil suponer que el número de soluciones es ilimitado.

Los forajidos de la creatividad

¿Quién te robó la creatividad?

Una noche, el bravucón de mi sobrino Cody, que por aquel entonces tenía cinco años, empezó a sacarme de quicio. De manera que le dije: «Ya basta, Cody. ¿No crees que ya va siendo hora de irse a la cama? ¿Acaso no piensas acostarte nunca?». Él me miró y sin el menor atisbo de vacilación respondió: «En los próximos cien millones de años no». Ante la posibilidad de que sus palabras no me hubieran convencido, añadió enseguida: «Bueno, quiero decir que no me acostaré hasta mañana por la mañana». Quedé asombrado. «¡Eso es creatividad!», pensé. Pocos adultos, por no decir ninguno, hubiesen sido capaces de formular dos respuestas tan creativas como aquéllas en tan corto período de tiempo.

A menudo, los adultos se preguntan por qué se divierten tanto los niños con la caja de cartón que envuelve el juguete como con el juguete propiamen-

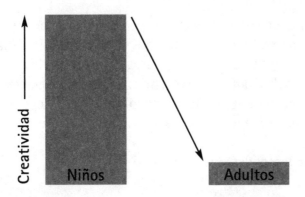

te dicho. ¿La respuesta? Porque son más creativos que los adultos. La mayoría de los adultos se han convertido en entes demasiado estructurados a la hora de pensar, sobre todo en lo que se refiere a entretenerse. Serían incapaces de imaginar tal cantidad de formas interesantes de disfrutar con una simple caja de cartón.

Los investigadores han confirmado que los niños son mucho más creativos que los adultos. ¿Qué ocurre, pues, con las capacidades creativas durante los años de transición entre la infancia y la edad adulta? Es evidente que topamos con múltiples barreras a la hora de expresar nuestra creatividad en el mundo que nos rodea.

Lo peor de todo es que estos muros actúan más como forajidos que como barreras. Al llegar a la semiadultez, prácticamente toda la creatividad que teníamos de niños se ha volatilizado por culpa de aquellos bandidos. Hace ya algún tiempo, la revista *Business Week* publicó un artículo en el que se aseguraba que la creatividad de un adulto de cuarenta años equivale aproximadamente a un 2% de la de un niño de cinco.

¿Quiénes nos han robado el 98% de nuestra creatividad al cumplir los cuarenta? ¿A quién debemos culpar?

El siguiente ejercicio puede proporcionar algunas claves.

Ejercicio 2-1. El nuevo logotipo

Eres el nuevo director del departamento de marketing de una compañía bastante grande, Trane Computer Systems. Tu jefe, el director general de la empresa, acaba de entrar en tu despacho para anunciarte que la firma necesita una nueva imagen, y te ha pedido que te encargues personalmente de diseñar un nuevo logotipo. Tienes dos semanas para hacerlo.

Caes en la cuenta de que el director de marketing anterior era un verdadero genio del arte comercial que asumía todos los proyectos importantes de rotulación y diseño, y que tu formación artística deja muchísimo que desear. Todo lo que sabes de dibujo lo aprendiste en la escuela elemental. Desde entonces no has hecho nada más relacionado con el arte y el diseño. Y lo peor es que en tu departamento no hay nadie que sea capaz de hacerlo.

¿Cómo deberías responder ante esta tarea?

Nunca permití que mi
escolaridad interfiriera en
mi educación.

Mark Twain

¿Cuál ha sido tu reacción en la situación del ejercicio anterior? ¿Intentaste hacer el logotipo? En caso contrario, ¿por qué decidiste eludir la tarea? Podría ser debido a aquellos forajidos de la creatividad que te robaron la voluntad de emprender actividades desafiantes y creativas. Veamos cuáles son los cuatro principales ladrones de cerebros:

Los cuatro grandes ladrones de cerebros

- Sociedad
- Instituciones educativas
- Organizaciones
- Nosotros mismos

Los bandidos sociales exigen tu conformidad

Si has decidido no hacer el logotipo porque careces de formación en arte comercial, has caído en la trampa y te has resignado a ser una víctima más de la programación social. La programación cultural nos induce a pensar que poseemos un grado de adiestramiento formal en un determinado campo del saber que nos permite hacer frente a cualquier desafío que merezca la pena en dicho campo. Se trata de un pensamiento a todas luces absurdo. Veamos algunos ejemplos de personas que hicieron cosas en campos en los que carecían de adiestramiento formal:

- El logotipo de Coca-Cola fue diseñado por un contable que no tenía ni idea de arte.
- Samuel Morse, un artista, inventó el telégrafo.
- Robert Campeau, que dejó los estudios en primaria, amasó una fortuna de un millardo de dólares erigiendo un imperio de grandes almacenes.
- Los hermanos Wright inventaron el aeroplano. No eran ingenieros aeronáuticos, sino mecánicos de bicicletas.
- El bolígrafo con la punta de bola lo inventó un escultor.

¿Que creo problemas? Le juro que se equivoca. No soy creativo.

La presión de la sociedad para que nos adaptemos a su programación adopta muchas formas y tiene muchos efectos. Los tabúes y las tradiciones culturales van en detrimento de las nuevas ideas. El énfasis excesivo en la competitividad obliga a que la gente haga cosas que de lo contrario no haría. Asimismo, un énfasis excesivo en la cooperación desemboca en el pensamiento colectivo. La razón y la lógica se consideran apropiadas; el humor, la intuición y la fantasía, no. Todos estos factores sociales nos roban oportunidades de ser creativos.

> La conformidad es el carcelero de la libertad y el enemigo del crecimiento personal.
>
> *John F. Kennedy*

Los bandidos educativos exigen una respuesta correcta

También es posible que hayas decidido no diseñar el logotipo en el ejercicio 2-1 porque no sabías cuál era la forma adecuada de abordar la tarea. Las escuelas que enseñan a buscar el método correcto o la única respuesta «correcta» provocan un cortocircuito educativo. Existen innumerables formas de diseñar logotipos, al igual que son innumerables las respuestas a la mayoría de los problemas. La gente sale de los sistemas académicos creyendo que hay una fórmula para todo, cuando en realidad, la mayor parte de los problemas no se pueden resolver con fórmulas, sino que se necesitan enfoques más creativos. No hay nada más eficaz que alejarse de las fórmulas.

En la mayoría de los sistemas escolares se hace un especialísimo hincapié en la razón y la lógica a costa de otros factores más importantes. Lo que estos sistemas ignoran es que las decisiones empresariales que se toman en el mundo actual no se pueden fundamentar única y exclusivamente en la razón y la lógica. Los ejecutivos, por ejemplo, utilizan la intuición en un mínimo de un 40% de sus decisiones claves. Aun así, la mayoría de los programas académicos no prestan la menor atención a la intuición, al igual que a otros factores de la creatividad, tales como la visión, el humor y el entusiasmo.

> En primer lugar, Dios creó a los idiotas. Lo hizo a modo de práctica. Luego creó los consejos escolares.
>
> *Mark Twain*

- En una ocasión, alguien preguntó al filósofo Buckminster Fuller cómo había conseguido convertirse en un genio, y él respondió que no era un genio, sino que el sistema escolar no le había perjudicado tanto como a otras muchas personas. Según Fuller, el sistema escolar nos puede dañar de múltiples formas.

- Fred Smith, el fundador del famosísimo servicio de mensajería Federal Express, escribió una redacción sobre aquel negocio antes de iniciarlo. Su profesor consideró que la idea no merecía la pena y le dio una calificación baja. Afortunadamente, Fred Smith no se dejó influenciar por la valoración superintelectual del profesor. La suya es una de las compañías de mensajería más innovadoras y de mayor envergadura del mundo.

Los bandidos organizativos degradan el espíritu humano

Muchas empresas dicen ser innovadoras y apoyar el talante creativo de sus empleados, aunque lo cierto es que muy pocas lo son. Decir que la compañía es innovadora suena muy bien, y la mayoría de ellas se empeñan en seguir aireándolo a los cuatro vientos porque está de moda en los tiempos que corren. Pero basta observar cómo actúan para descubrir una historia muy diferente. En realidad, sus actos parecen más un intento inconsciente de vandalizar la creatividad de los empleados más innovadores de la organización.

La mayoría de la gente no intentaría diseñar el logotipo en la situación planteada en el ejercicio 2-1 porque los factores organizativos menoscaban los esfuerzos creativos. Ser creativo implica asumir riesgos, y asumir riesgos es algo que a menudo evitamos en el trabajo. Sus consecuencias potenciales nos aterrorizan.

Cuando surge un empleado supercreativo en una empresa, ésta no suele respaldar su creatividad. Las personas muy creativas cuestionan la tradición, desafían las normas, sugieren nuevas formas de hacer las cosas, dicen la verdad de todo y dan la impresión de ser perjudiciales para el resto de la plantilla. Las cualidades que demuestran tener los individuos dotados de un extraordinario talento creativo inquietan a la compañía, que hace todo lo posible para transformarlos a fin de equiparar su comportamiento al de los empleados menos creativos.

> La educación es realmente admirable, pero no hay que olvidar que lo que merece la pena saber, no se puede enseñar.
>
> *Oscar Wilde*

Las normas colectivas se protegen a expensas del esfuerzo individual y la ingenuidad. Los directivos autocráticos no fomentan la iniciativa, sino todo lo contrario. La organización sacrifica la innovación y la creatividad para no tener que afrontar la incomodidad y el trastorno inevitables en todo proceso innovador.

Aunque las empresas de hoy en día necesitan empleados innovadores para triunfar, muchas organizaciones continúan robando a su personal la oportunidad de ser innovador. Como es lógico, al final, el éxito se les escapa de las manos.

Autobandidos: los ladrones de cerebros más peligrosos

Por nuestra parte, nosotros también erigimos muchas barreras individuales que nos roban la creatividad. Evitar el diseño de un logotipo debido a la carencia de adiestramiento formal en arte comercial puede ser el resultado del miedo. El miedo al fracaso es uno de los ladrones más eficaces de la creatividad. Y además del miedo, tampoco hay que olvidar la pereza y la percepción, dos factores capaces de interferir en la voluntad de aceptar el reto de diseñar el logotipo de una firma o de emprender nuevos proyectos en la vida.

> Un hombre sin imaginación es como un pájaro sin alas.
>
> *Wilhelm Raabe*

La pereza es fruto de la falta de motivación. Los expertos en motivación afirman que sólo el 10% de la población de Estados Unidos se siente motivada internamente o automotivada. Quienes van por la vida sólo con una motivación externa son incapaces de emprender las tareas necesarias para descubrir e identificar sus capacidades creativas.

En la vida generamos muchas percepciones que no siempre son representativas de la realidad. La percepción de que somos incapaces de diseñar un buen logotipo porque carecemos de adiestramiento formal constituye un buen ejemplo. Es una percepción falsa, ya que la mayoría de la gente que no se considera dotada para el arte nunca ha hecho el menor esfuerzo para estarlo. Una vez hecho el esfuerzo, todos podemos diseñar un logotipo.

La percepción puede deformar muchas de las realidades de la vida. En los siguientes ejercicios veremos con qué facilidad puede interferir en la escena real.

> Es mucho más seguro saber poco que demasiado.
>
> *Samuel Butler*

La percepción puede ser engañosa

Ejercicio 2-2. Análisis de la percepción

Después de echar un vistazo rápido a las siguiente ilustraciones, escribe lo que has visto en una hoja de papel.

La oportunidad NO ESTÁ EN NINGUNA PARTE

Figura 2-1

Figura 2-2

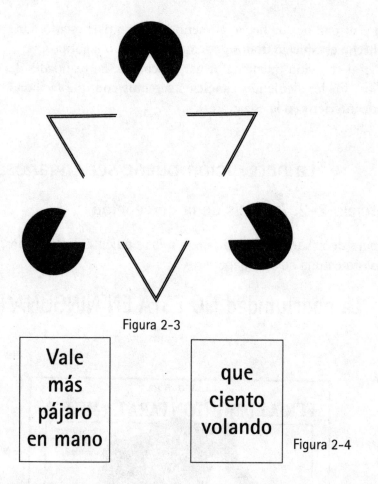

Figura 2-3

Vale más pájaro en mano	que ciento volando

Figura 2-4

Las figuras anteriores demuestran que no siempre percibimos las cosas de la forma que creemos hacerlo.

Si observas la figura 2-1 y sólo te quedas con **La oportunidad NO ESTÁ EN NINGUNA PARTE**, te habrás perdido la oportunidad que se esconde en esta ilustración.

La figura 2-2 es una foto de un anuncio para una feria de consumo para la mujer. Se trata de un interesante ejemplo de lo que podemos ver si lo examinamos con calma. Fíjate en la silueta del rostro de un hombre en el pelo de la mujer, justo debajo de «¡Sé lo que quieres ser!». Más del 95% de la gente no lo apreciará a primera vista. ¿Es una silueta intencionada? ¿Qué opinas?

En la figura 2-3 es probable que hayas visto un triángulo más blanco que el color de la página. Ya habrás observado que en realidad no hay ningún triángulo dibujado, sino que tus ojos lo han imaginado a partir de las demás figuras. Por otro lado, este triángulo-espejismo no es ni más ni menos blanco que el resto de la página.

Si has visto todo lo que había en la figura 2-4, deberías de haber leído lo siguiente en los dos recuadros.

Vale más pájaro en en mano que ciento volando.

Si no te has fijado en los dos «en», no has visto todo lo que se esconde en esta ilustración. En la vida tendemos a hacer lo mismo: sólo vemos una solución y no las diversas soluciones que existen a nuestros problemas.

Ejercicios clásicos con soluciones no clásicas

Intenta realizar los ejercicios siguientes para poner a prueba tu capacidad creativa. Es posible que ya conozcas estos ejercicios. Si sabes una solución, piensa en otras. Recuerda que la creatividad consiste en ir más allá de lo que sabes y descubrir algo nuevo. La evocación de lo que ya se sabe no es creatividad.

Ejercicio 2-3. El viejo truco del «nueve en seis»

Convierte el numeral romano nueve en un seis añadiendo una línea.

IX

Ejercicio 2-4. El «clásico» ejercicio de los nueve círculos

Parte A

Conecta los nueve círculos con cuatro líneas rectas, sin levantar el lápiz del papel. (Si no consigues resolverlo transcurridos diez minutos, consulta Notas del capítulo, p. 40.)

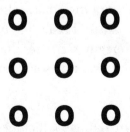

Parte B

Ahora conecta los nueve círculos con tres líneas rectas, sin levantar el lápiz del papel.

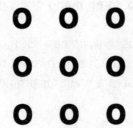

Parte C

Ahora conecta los nueve círculos con una sola línea recta, sin levantar el lápiz del papel.

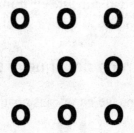

Notas del capítulo

Ejercicio 2-3

Con un poco de creatividad podrías descubrir un mínimo de siete soluciones a este ejercicio. En el Anexo (p. 208) se incluye una de ellas.

Ejercicio 2-4. Parte A

No conseguirás resolver este ejercicio si no te han contado la verdad del problema. Recuerda que la primera etapa de la creatividad consiste en identificar el problema. Si levantaste una barrera imaginaria alrededor de los nueve círculos, debes darte cuenta de que no existe. Hasta que no empieces a prologar las líneas rectas fuera de la barrera imaginaria, te resultará imposible resolver el enigma (en el Anexo, p. 208, encontrarás una solución).

Ejercicio 2-4. Partes B y C

En el Anexo (p. 209) se indican algunas soluciones.

Hacer, ser, hacer, ser, hacer, ser

Puedes ser más creativo que Einstein o Picasso

Mientras continúas enfrascado en tu viaje a través de la vida, la creatividad será tu fuente de recursos para superar barreras tales como las normas de la sociedad, las dificultades económicas, las objeciones de los pacientes, la falta de conocimientos especializados o la limitación del tiempo a causa de las necesidades de tus hijos. La creatividad es el auténtico don puesto a la disposición de los seres humanos para que sean capaces de hacer frente al desafío de vivir dichosamente. La imaginación es lo único que te puede evitar el aburrimiento y sacarte de un apuro. Los individuos supercreativos consiguen la mayoría de sus logros más significativos cuando están solos. Los nuevos enfoques y descubrimientos no suelen implicar la participación de otra persona.

> Todos los niños son artistas. El problema consiste en cómo seguir siendo artistas cuando crecen.
>
> *Pablo Picasso*

«Pero si yo no soy creativo», dirás. ¡Paparruchas! Naciste creativo como todo hijo de vecino. Simplemente tienes que redescubrir tu creatividad y empezar a usarla en tu propio provecho. Y luego, ¡a volar hacia el infinito! Llevabas mucho tiempo sospechando que eras un genio en potencia, pero no habías tenido el valor de compartir tu sospecha con nadie. Ahora ya puedes hacerlo.

Utiliza la imaginación para potenciar tu vida de mil maneras diferentes. Si eres un padre o una madre soltera, ser más creativo te ayudará a gestionar tus asuntos personales, a establecer redes de apoyo, a adaptar tus necesidades a tus escasos ingresos, a cuidar de tus hijos y a encontrar un trabajo a jornada completa (o dos de media jornada) para asegurar el sustento familiar. Si consigues establecer un estilo de vida satisfactorio a pesar de los innumerables obstáculos que encontrarás en el camino, demostrarás que eres más creativo que Einstein, Picasso, Van Gogh y Renoir.

Deja a un lado las nociones románticas sobre la creatividad

Si todavía no estás convencido de que eres un genio creativo, olvida las nociones románticas que tengas sobre la creatividad. La creatividad no es un regalo de Dios destinado exclusivamente a determinados artistas y músicos, ni es el resultado de mucho sufrimiento, ni tampoco está asociado con un toque de locura. Hay quien cree que para ser creativo debe reunir uno o más de los siguientes factores:

Me despidieron de mi último empleo por ser demasiado creativo. Intenté diseñar un conmutador para desconectar una máquina de movimiento perpetuo.

- Tener un raro talento artístico.
- Haber tenido unos padres que fomentaron la creatividad.
- Haber estudiado Bellas Artes.
- Ser un pensador de lóbulo cerebral derecho en lugar de izquierdo.
- Tener un elevado CI.
- Haber sido muy independiente de niño.

Con frecuencia, también se cree que la creatividad es una cuestión de técnica, capacidad, conocimiento o esfuerzo especial. A decir verdad, ninguno de los factores que acabo de mencionar es esencial para el éxito creativo. Si analizas a fondo a la gente creativa, te darás cuenta de que simplemente «son» creativos, sin darle más vueltas al asunto. Expresan excelencia y creatividad porque han decidido hacerlo así. A las personas creativas ni siquiera se les pasa por la cabeza pensar que necesitan un talento excepcional para serlo.

Mucha gente cree que la secuencia «tener-hacer-ser» representa el camino hacia la creatividad. En efecto, están convencidos de que primero hay que tener lo que tienen los individuos creativos: inteligencia heredada, talento artístico, tendencia hacia el lóbulo cerebral derecho y un sinfín de otras cosas más. Luego, hay que hacer lo que hacen los individuos creativos, y por último, hay que ser creativo. Pero están muy equivocados. No es cierto que las personas creativas tengan un talento especial que les permita serlo, y que las no creativas carezcan de dicho talento. Los investigadores han confirmado que los individuos no creativos poseen todo el talento necesario para ser creativos.

> Ser es hacer.
>
> *Camus*
>
> Hacer es ser.
>
> *Sartre*
>
> Hacer, ser, hacer, ser, hacer.*
>
> *Frank Sinatra*

He conocido a mucha gente que quiere ser escritor. Pero más que «ser» escritor, que exige esfuerzo y compromiso, lo que la mayoría de las personas desean es el boato y la fama que acompañan a un escritor de prestigio. Quieren tener un libro *bestseller* con su nombre impreso en la portada y disfrutar de la fortuna y el reconocimiento general que gozan Danielle Steele y John Grisham. Otros aspiran a ser escritores porque quieren hacer las cosas que hacen los escritores de renombre, como por ejemplo participar en conferencias literarias y ser invitados a tertulias radiofónicas y televisivas.

Pero ser escritor no es algo que se consiga por el mero hecho de haber escrito un *bestseller* y de promocionarlo en la radio y la televisión. Los aspirantes a escritor ni siquiera lograrán hacer lo que hacen los escritores y tener lo que tienen los escritores a menos que, ante todo, hayan elegido ser escritores. Ser escritor no se consigue por el mero hecho de hacer y tener, sino que requiere haber tomado la firme decisión de ser escritor. Lo cual conduce a hacer y tener lo que hacen y tienen los escritores.

Invirtiendo la secuencia anterior se consigue representar mejor el camino hacia la creatividad. El orden correcto es «ser-hacer-tener». En primer lugar, debemos elegir ser creativos. Luego, haremos lo que hace la gente creativa, y esto nos conducirá de un modo natural a tener las cosas que tiene la gente creativa. Para un escritor, tener cosas incluye consecución, satisfacción y la felicidad que se experimenta después de haber intentado y llevado a cabo un proyecto desafiante.

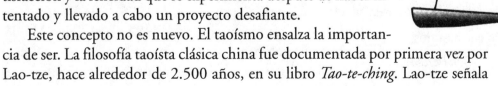

Principio de la creatividad:

Decide ser creativo

Este concepto no es nuevo. El taoísmo ensalza la importancia de ser. La filosofía taoísta clásica china fue documentada por primera vez por Lao-tze, hace alrededor de 2.500 años, en su libro *Tao-te-ching*. Lao-tze señala

---

* En inglés, «hacer, ser, hacer, ser, hacer» (*do be do be do*) suena al sonsonete «dubidubidú». (*N. del T.*)

que para estar realmente vivo, primero hay que ser. Cuando se domina el arte de ser, el hacer y tener fluyen espontáneamente. Ser es un estado activo, es decir, un proceso creativo que nos ayuda a cambiar y a crecer como personas. Así pues, ¡sé creativo o resígnate a no ser nada!

¿Eres demasiado intelectual para ser creativo?

Seymour Epstein, psicólogo de la Universidad de Massachussetts, ha llegado a la conclusión de que el pensamiento constructivo es crucial para el éxito en la vida, no tiene casi nada que ver con el CI e implica actuar ante una determinada situación en lugar de lamentarse por ella. Asimismo, los pensadores constructivos no se toman las cosas personalmente ni se preocupan por lo que los demás piensan de ellos. El pensamiento constructivo constituye el origen de una amplia gama de éxitos en la vida, desde salarios y ascensos hasta la felicidad derivada de la amistad, la salud física y emotiva.

> Hay cosas que sólo los intelectuales están lo bastante locos para creer.
>
> *George Orwell*

Epstein ha descubierto que muchas personas brillantes desde una perspectiva académica no piensan de un modo constructivo, sino que tienen hábitos mentales autodestructivos e intentan eludir por todos los medios los nuevos retos, pues carecen de la necesaria inteligencia, ingenio o agudeza emocional. Según Epstein, la inteligencia emocional es más importante que la inteligencia académica. En realidad, las conclusiones de Epstein no deberían sorprendernos, pues sabido es que mucha gente con doctorados no destaca precisamente por su creatividad, mientras que algunos de los individuos más creativos ni siquiera saben qué es un doctorado.

En cierto modo, el pensamiento creativo no es más que sentido común, la capacidad de poner las cosas en tela de juicio y luego actuar en consecuencia.

> No hay nada más insoportable que alguien con menos inteligencia y más sentido común que nosotros.
>
> *Don Herold*

Un doctorado universitario o un elevado nivel de inteligencia no puede sustituir a una experiencia de la vida real combinada con el poder de la imaginación. Harry Gale tardó muy poco tiempo en descubrirlo. A principios de 1995, Gale fue cesado de su cargo de director ejecutivo de MENSA en el Reino Unido. MENSA es una compañía para gente que ha demostrado tener un CI similar al del 2% de la población más superdotada del país. Al parecer, Harry Gale vio la luz tan pronto como fue puesto de patitas en la calle por tan elitista organización. Fundó una firma rival, llamada Psicorp, reclutando empleados de todas las clases sociales y estilos de vida. En una entrevista concedida al *Sunday Times of London*, Gale declaró: «El sentido común casi siempre es más importante que la inteligencia».

¿Por qué no hay más personas que decidan ser pensadores constructivos? Según mi teoría personal, eso es debido a que convertirse en un pensador constructivo requiere esfuerzo y cambio. La mayoría de la gente pone pies en polvorosa ante todo lo que significa esfuerzo o cambio. Ante la alternativa de hacer algo fácil o algo difícil, casi todo el mundo opta por lo fácil. ¿Por qué? La comodidad a corto plazo les resulta demasiado atractiva.

Aun así, la elección de la comodidad constituye una paradoja. Si bien es cierto que evitar la dificultad es más cómodo a corto plazo, no lo es menos que su resultado a largo plazo consiste en una flagrante incomodidad. La mayoría de nosotros necesitamos haber abordado y conquistado tareas complejas antes de experimentar un sentimiento de logro y satisfacción.

El principio de la vida fácil

Una de las principales razones por las que la gente carece de creatividad reside en su renuencia a asumir riesgos, y no lo hace porque es muchísimo más cómodo. Tarde o temprano, todos tendemos a buscar el confort. De hecho, la mayoría de los seres humanos elige siempre el camino más cómodo. El problema de elegir el camino cómodo estriba en que, a largo plazo, se hace muy incómodo. Lo comprenderás mucho mejor con lo que he bautizado como «Principio de la vida fácil», que se ilustra en la figura 3-1. Cuando se elige la ruta fácil y cómoda, la vida se vuelve difícil. El 90% de la gente elige esta ruta, ya que la comodidad a corto plazo es más atractiva que la dificultad.

Figura 3-1. La norma de la vida fácil

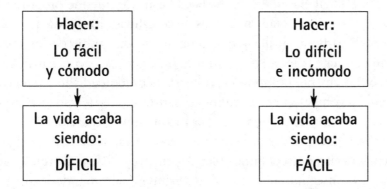

45

La otra opción consiste en elegir la ruta difícil e incómoda. Entonces, la vida es fácil. El 10% de la gente elige esta ruta, pues sabe que para obtener beneficios a largo plazo, debe experimentar incomodidad a corto plazo, y que existe menos competencia que en el camino opuesto. El principio de la vida fácil influye en todos los aspectos de la vida, incluyendo el trabajo, los beneficios económicos, la amistad, el amor, la salud, el ocio y la satisfacción general.

<blockquote>Todo es difícil antes de que sea fácil.

Un sabio anónimo</blockquote>

Ashleigh Brilliant dijo: «He dejado de buscar la verdad y ahora estoy buscando una buena fantasía». Confío en que no hayas hecho lo mismo. Es importante no dejarse llevar por las ilusiones en la vida. Voy a darte una mala noticia: este libro no te conducirá a la tierra prometida, a medio camino entre el Nirvana y Shangri-la. Si era lo que estabas esperando, siento mucho haberte decepcionado.

Pero también tengo una buena noticia para ti: todas las personas, incluido tú, pueden vivir en un paraíso. Para disfrutar de una vida feliz y rebosante de éxito, debes aplicar el principio de la vida fácil y seguir los consejos de este libro.

Ser feliz depende de que tu mente sea capaz de sacar el máximo partido de tu situación personal. Esto requiere un cierto esfuerzo, y a veces también resulta incómodo. Elegir el camino fácil y cómodo —sentarse en casa y echar la culpa al mundo— te situará en un callejón sin salida. La satisfacción a largo plazo sólo se puede conseguir afrontando las actividades desafiantes, que en ocasiones resultan un tanto complejas. No queda más remedio que pagar un precio en términos de tiempo y esfuerzo. Si ya has dejado atrás la juventud, habrás aprendido que no hay nada trascendente en la vida que se logre con facilidad. Todo lo que proporciona felicidad a largo plazo exige el pago de una leve incomodidad como contrapartida.

<blockquote>Si quieres el arco iris tendrás que soportar la lluvia.

Dolly Parton</blockquote>

Es posible que estés pensando lo mismo que me dijo una mujer en uno de mis recientes seminarios: «¿Quién eres, Zelinski? ¿Una especie de sádico? Lo único que me propones es sufrimiento». Nada más lejos de la realidad. Recuerda que sólo trabajo cuatro o cinco horas al día y que procuro no dar golpe en los meses cuyo nombre no contiene la letra «r». A mi modo de ver, esto no es sufrir, sino gozar de la vida. Simplemente propongo una ligera incomodidad ahora para conseguir una increíble recompensa en términos de satisfacción y felicidad a largo plazo.

¿Has experimentado alguna vez una incontenible sensación de euforia después de realizar algo que inicialmente no creías ser capaz de hacer o algo que todos los demás decían que era imposible? Por ejemplo, si dejas de fumar, apuesto a que lo que has conseguido no era fácil. Pero aun así, afrontando la dificultad y la incomodidad has logrado una suculenta dosis de satisfacción personal. ¡El principio de la vida fácil en acción!

Ser feliz requiere compromiso y esfuerzo. Cada cual debe asumir la responsabilidad de su vida si desea crear un paraíso en el que ser dichoso y sentirse plenamente realizado. Por lo menos, ya has asumido una parte de responsabilidad al haber llegado hasta esta página. En su libro *Ilusiones*, Richard Bach escribió: «Todas las personas, todos los sucesos de tu vida están ahí porque es precisamente ahí donde los has puesto». Podríamos decir que, en cierto modo, asumiste tu responsabilidad y utilizaste tus asombrosos poderes mentales para crearme escribiendo este libro para ti. En efecto, de no haber sido por ti, en lugar de escribir este libro podría haber estado en Vancouver paseando en bicicleta por el parque Stanley, cenando en el restaurante Chianti's o tomando un café en Bread Garden o Starbucks mientras esperaba que apareciera mi alma gemela. Sin embargo, confío en que me permitirás hacer vacaciones los dos o tres próximos veranos para poder hacer estas y otras muchas cosas deliciosas antes de que uses de nuevo tus poderes mentales para crearme escribiendo otro libro para ti.

> Lo difícil lo hacemos enseguida. Lo imposible tarda un poco más.
>
> *Eslogan del servicio militar norteamericano*

Publicar y promocionar creativamente o morir

Mucha gente me ha escrito o telefoneado a raíz del éxito de mi libro, que yo mismo edité, *The Joy of Not Working*. La mayoría de estas personas creen que he encontrado el camino fácil para conseguir que un libro se convierta en un *bestseller*. Pero lo cierto es que también aquí es aplicable el principio de la vida fácil.

A continuación, transcribo la carta que suelo enviar a todos cuantos se dirigen a mí solicitando mi consejo respecto a asuntos editoriales. No hay que olvidar que los factores fundamentales para que una obra literaria se convierta en un *bestseller* son la creatividad y el esfuerzo. La creatividad y el esfuerzo son primordiales no sólo para escribir un libro, sino también para promoverlo, lo cual requiere hacer lo difícil e incómodo en lugar de lo fácil y cómodo.

Querido aspirante a autor:

Así que te gustaría ser un escritor de éxito con uno dos *bestseller* en el mercado. Contrariamente a lo que cree la mayor parte de la gente, no tengo una fórmula secreta para conseguirlo. Sin embargo, puedo darte un consejo básico que considero de una extremada importancia para crear un *bestseller*.

Primero y por encima de todo, si quieres escribir un *bestseller* porque crees que es una forma fácil de obtener fama y fortuna, hazte un favor y plantéate otro objetivo de inmediato. Escribir un libro y lograr que sea un *bestseller* es mucho más complicado que obtener una licenciatura universitaria, estudiar para conseguir un master, culminarlo con un doctorado y por último conseguir un empleo adecuado a tu formación, sobre todo teniendo en cuenta lo difícil que es hoy en día encontrar un buen trabajo. ¿No me crees? Recuerda que hay muchísima más gente con doctorados que escritores de *bestseller*. Asimismo, si fuera tan fácil escribir un libro *bestseller*, casi todo el mundo lo haría. Por si no lo sabes, alrededor del 99% de la gente siempre opta por el camino fácil en la vida. De ahí que nunca hagan realidad su sueño de tener un *bestseller*.

Y ahora, la segunda prueba esencial: ¿Hasta qué punto eres capaz de celebrar un fracaso y de sentirte motivado por la crítica y el rechazo? Crea un *bestseller* requiere aceptar y celebrar el fracaso. Pero además, escribir y promocionar un libro para que se venda como rosquillas presupone no sólo la capacidad de hacer frente a los fracasos, sino también, y más importante, sentirse motivado por la crítica y el rechazo. Por ejemplo, cuando *The Joy of Not Working* entró a formar parte de la lista *Globe and Mail* de libros que definitivamente no serían objeto de análisis en su sección literaria, me motivó el deseo de poder demostrarles que mi libro podía superar en un 99% a la cifra de ventas de todos los libros dignos de análisis por los especialistas de aquella publicación.

> Si la gente supiera lo que hay que hacer para triunfar, casi nadie no lo haría.
>
> *Lord Thomson*
> *of Fleet*

Si has superado las dos pruebas anteriores con matrícula de honor, entonces puede haber alguna esperanza para ti. Sal a la calle, compra y lee todos los libros que puedas encontrar sobre escritura, publicación y promoción. Fíjate en lo que he dicho: compra, no pide prestado. Si no compras libros de otros autores, ¿cómo esperas que alguien compre los tuyos?

¿Sobre qué vas a escribir? El principio más importante en este sentido consiste en escoger un tema para el que exista un mercado. Lo primero que debes preguntarte es: «¿Quién querrá comprar mi libro?». Procura tener una buena respuesta.

Sólo porque creas que la gente debería leer libros acerca del tema que has elegido no significa que haya un mercado para el tuyo. No caigas en la trampa en la que han caído tantas personas (incluyendo algunos editores de prestigio) que se dejan llevar por lo que creen que los demás deberían leer. Tu opinión de lo que es importante o de lo que debería ser importante para la gente es totalmente irrelevante. Son quienes compran los libros los que deciden qué es importante para ellos. Y así es como tiene que ser; al fin y al cabo, se trata de su dinero.

Una vez terminado y publicado un libro, sólo has recorrido el 5% del camino que conduce hasta un *bestseller*. Tanto si lo has editado tú mismo como si se ha encargado de hacerlo una editorial de altos vuelos, tendrás que promocionar el producto. Quizá tengas el mejor producto del mundo, pero si no puedes comercializarlo, también tendrás el peor producto del mundo. La mejor promoción para un libro no es la que realizan los editores, distribuidores o libreros, sino la que realiza el autor. En el mundo académico rige el principio de publicar o morir, pero en el mundo real, rige el de publicar y promocionar o morir.

Escribir un libro requiere creatividad, y promocionarlo correctamente requiere diez veces más. Cinco años después de escribir *The Joy of Not Working* aún sigo promocionando el libro con el mismo esfuerzo y creatividad que cuando se publicó la primera edición. Y así pienso continuar por lo menos durante un par de años más.

> Las oportunidades suelen camuflarse de trabajo duro, para que la mayoría de la gente no las reconozca.
>
> *Ann Landers*

Otro punto muy importante: empieza haciendo. De nada te servirá todo el conocimiento acumulado en el mundo si no haces algo con él.

Por último, me encantaría desearte suerte, pero no puedo. La suerte no conducirá a tu destino. Es la motivación, determinación y creatividad lo que lo hará.

Saludos cordiales.

Ernie K. Zelinski

No pagues el precio; disfrútalo

Debo advertirte que el principio de la vida fácil es similar a la ley de la gravedad. Súbete a una silla, déjate caer y verás lo que sucede: el porrazo es considerable, ¿verdad? Lo mismo sucede con el principio de la vida fácil. Elige el camino fácil y el porrazo también será considerable. Nunca falla. Así es la vida. Te ruego que no me eches la culpa de que la vida sea así y no de otro modo. Te juro que no tengo nada que ver en este asunto. Me limito a observar. Haz como yo y descubrirás que la vida es así y que hay que aprovecharla al máximo.

> Si la gente supiera lo duro que trabajé para ser un gran maestro, no les parecería tan maravilloso.
>
> *Miguel Ángel*

El principal obstáculo para el éxito es la incomodidad que supone hacer todas las cosas que debemos hacer para alcanzarlo. Como seres humanos, nos inclinamos al placer y nos alejamos del sufrimiento. La mayoría de nosotros opta por el camino fácil porque buscamos el confort a toda costa. Los caminos muy transitados tienen muchísimas roderas.

Elegir la forma de vida fácil significa acabar, tarde o temprano, en una o más roderas, y la única diferencia entre una rodera y una tumba consiste en las dimensiones. En la rodera te integras al mundo de la «muerte viva», y en la tumba en el de la «muerte muerta».

En la vida todo tiene un precio. La mayoría de la gente elige la inactividad porque a primera vista parece lo más simple. Pero al final se pierden las recompensas. Sigue mi consejo y no seas uno de la mayoría que prefiere la comodidad a expensas del logro y la satisfacción. En la vida, los verdaderos premios llegan cuando se tiene la voluntad de hacer cualquier cosa difícil e incómoda, y ser creativo es una de ellas.

Lógicamente, el esfuerzo de ser creativo tiene un precio y hay que pagarlo, al igual que todo lo que merece la pena en la vida. Pero en lugar de mirar el precio que hay que pagar, es preferible mirar los múltiples precios de los que se puede gozar, entre los que figura una mayor autoestima, una mayor satisfacción, una mayor felicidad y una mayor paz mental. En efecto, el precio se disfruta más que se paga. La creatividad implica hacer lo difícil e incómodo; la recompensa consiste en que resulta mucho más reconfortante y satisfactorio que hacer lo fácil y cómodo.

101 formas de despellejar un gato o de no hacer absolutamente nada

Encontrar la «respuesta correcta» puede complicarte la vida

Empezaremos este capítulo con los dos ejercicios siguientes.

Ejercicio 4-1

Big Rock Brewery de Calgary no podía permitirse el lujo de hacer las tradicionales promociones de marketing cervecero que utilizaban las grandes compañías para introducir sus productos en los mercados extremadamente competitivos de Canadá y Estados Unidos. Pero Big Rock ha sido capaz de introducir sus productos con un inusitado éxito y crecer sustancialmente en volumen de ventas mientras las grandes cerveceras canadienses se han dedicado a consolidarse y a combatir en un mercado muy reducido.

> ¿Cuál es la respuesta...? [silencio]. En tal caso, ¿cuál es la pregunta?
>
> *Gertrude Stein*

¿Cómo hubieses abordado el problema de la escasez de dinero para anunciar el lanzamiento de nuevas cervezas en un mercado reducido y competitivo?

Ejercicio 4-2. Las tijeras

¿Qué tijeras son diferentes de todas las demás?

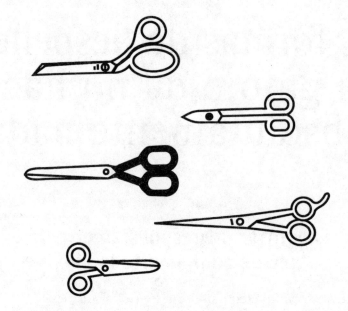

Un norteamericano y un europeo estaban charlando de las alegrías de la vida cuando el europeo aseguró conocer cien formas distintas de hacer el amor. El norteamericano quedó muy impresionado, y dijo que él sólo conocía una. El europeo le preguntó cuál era. Su interlocutor le describió la forma más natural y convencional. Entonces, el europeo replicó: «¡Estupendo! ¡No se me había ocurrido! Gracias. Ahora ya conozco 101».

¿Eres como el norteamericano o el europeo a la hora de resover problemas? ¿Se te ocurren innumerables alternativas o una sola? Todos hemos oído decir más de una vez que «existe más de una forma de despellejar a un gato.» Pero ¿cuántos seríamos capaces de concebir más de una si llegara el caso?

La mayoría de la gente sólo está preparada para encontrar una forma de hacer la mayor parte de las tareas, y si esta forma no da los resultados apetecidos, continúa obsesionada en ella y busca algo o alguien a quien echar la culpa de que la situación sea irresoluble. No se nos ocurren nuevas formas, ni siquiera teniendo en cuenta que quizá sean más rápidas, más eficaces, más económicas y, por qué no decirlo, también más divertidas. Pregúntaselo al europeo si alguna vez coincides con él.

Pero volvamos al ejercicio 4-1. ¿Has buscado la única solución correcta para superar el problema? ¿Te has detenido después de concebir una solución o has seguido adelante hasta encontrar diferentes alternativas?

> Hay nueve formas de hacer huevos escalfados, a cuál peor.
>
> *Robert Lynd*

La forma elegida por Big Rock Brewery no era la única (véase Notas del capítulo, p. 56); había otras. La dirección de la empresa podía haber pedido dinero a préstamo para financiar la publicidad; podía haber vendido acciones para generar capital adicional, fusionarse con una cervecera bien implantada en el mercado o promocionar sus productos mediante actividades poco convencionales. La lista de opciones es interminable.

El ejercicio 4-2 nos proporciona más evidencias de cómo solemos enfocar los problemas. ¿Te ha pasado por alto lo evidente al igual que a nueve de cada diez personas que realizan este ejercicio? El 90% de los participantes en mis seminarios acaba eligiendo una de las cinco tijeras. En cierto modo, todos tienen razón, aunque a la mayoría de ellos se les escapa algo fundamental, es decir, la respuesta: «Todas las tijeras son distintas de las demás».

Este ejercicio demuestra lo bien que los sistemas escolares nos han enseñado a buscar automáticamente una respuesta correcta o una forma de hacer las cosas. De ahí que seamos tan estructurados en nuestras respuestas y no busquemos más «respuestas correctas». Cuando la única respuesta «correcta» que encontramos es una «birria», estamos perdidos.

Según uno de los principios más importantes de la creatividad, todos los problemas tienen dos o más soluciones. Existen dos excepciones a esta norma. Una es matemática. La mitad de trece sólo tiene una respuesta. (Como observarás en el capítulo 9, incluso este problema puede tener más de una solución.) En matemáticas, la mayoría de los problemas tienen una solución. La otra circunstancia en la que existen menos de dos soluciones es cuando estamos muertos. En tal caso no hay soluciones. En términos generales podríamos decir que los problemas de la vida tienen dos o más soluciones.

Las posibilidades en cualquier situación de la vida van más allá de lo evidente y lo disponible. ¿Qué hay que hacer para generar muchas soluciones? En primer lugar, desembarazarse de lo antiguo y dejar la mente en blanco. En efecto, debemos partir de cero. Las oportunidades sólo se crean a partir de la nada más absoluta. Cuando dejamos atrás las viejas soluciones y las viejas formas de pensar, accedemos a una pantalla en blanco que nos permite concebir nuevas ideas.

Estropéalo antes de que otro lo haga

Buscar opciones requiere esfuerzo. Es más fácil buscarlas cuando nos sentimos insatisfechos con las alternativas que tenemos a mano. No obstante, deberíamos ir en busca de un mayor número de soluciones incluso cuando las que ya tenemos nos resultan atractivas. Procura no limitarte a las primeras que hayas conseguido generar. Es una simple cuestión de disciplina. Seguir buscando otras alternativas aunque te satisfagan algunas de las que ya has generado constituye una práctica excelente.

Principio de la creatividad:

Busca muchas soluciones

Aun cuando las cosas parezcan ir como una seda, es aconsejable darle más vueltas al asunto hasta encontrar mejores soluciones y alternativas. Esforzarse por idear nuevas y mejores alternativas cuando se dispone de una que da buenos resultados tiene tres grandes ventajas:

- Da la seguridad de que no se ha dejado escapar una opción mejor. Es posible que la más disponible no sea la más adecuada.

- Casi todo lo bueno, si no todo, tiene un final. Quienes generan alternativas cuando las cosas están marchando bien, disponen de otras soluciones a las que recurrir cuando la solución actual deje de ser eficaz al cambiar las circunstancias.

- La gente que selecciona constantemente nuevas alternativas, tanto si las necesita como si no, mantiene en forma su talento creativo para cuando realmente lo necesite.

Hoy en día, aquel viejo refrán que dice: «Si funciona, no lo toques», ha perdido una buena parte de su significación. Aunque algo funcione a la perfección, lo más probable es que no lo haga durante mucho tiempo; no en vano el mundo actual de los negocios es extremadamente competitivo y está sometido a cambios rápidos y constantes. Tener la capacidad de generar muchas soluciones permite reaccionar de un modo mucho más eficaz cuando todo empieza a funcionar mal.

Hacer lo mismo una y otra vez, esperando diferentes resultados, es la definición de loco.

Un sabio anónimo

En su libro *If It Ain't Broke... BREAK IT!*, Robert J. Kriegel y Louis Patler incluso consideran preferible estropear algo antes de que se estropee por sí solo o de que otro lo haga trizas. Aplicar la filosofía de Kriegel y Patler te ayudará a ser innovador y a situarte por delante del 99% de la gente que espera a que algo se estropee antes de intentar arreglarlo.

Ejercicios de motivación para observar, observar y observar

Ejercicio 4-3. Los triángulos de las mil posibilidades (si te fijas)

La ilustración inferior es un prisma en perspectiva. Simplemente tienes que contar el número de triángulos que se esconden en él (véase Notas del capítulo, p. 56, al terminar).

Si funciona, está obsoleto.

Marshall McLuhan

Ejercicio 4-4. Jugando con cerillas

A modo de preparación para el capítulo siguiente, vamos a probar con otro tipo de ejercicio. Imagina que estas dos ecuaciones se han realizado con cerillas. Cada línea es una cerilla. Ambas ecuaciones son erróneas tal cual están. ¿Puedes corregirlas desplazando un solo palillo en cada ecuación? Empieza con la (a) y continúa con la (b) cuando hayas completado la (a). (Véase Notas del capítulo, p. 56, al terminar.)

(a) VI + II = VI

(b) III − II = IV

Me importa un comino la gente que sólo sabe deletrear una palabra en un sentido.

Mark Twain

Ejercicio 4–5. Nuevas ideas

Haz este ejercicio con regularidad. Plantéate el objetivo de generar un mínimo de tres ideas nuevas cada día para el proyecto o el problema más importante que tengas entre manos.

Notas del capítulo

Ejercicio 4-1

Primero, Big Rock Brewery se concentró en el enorme mercado californiano para introducir sus cervezas con nombres nada ortodoxos, tales como Buzzard Breath, Warthog Ale y Albino Rhino. Cuando estaba escribiendo este libro, Big Rock lanzó un nuevo producto llamado Grasshopper Ale. Una gran parte del éxito de esta compañía se debe al nombre de sus productos. Como distribuidor de Big Rock en Estados Unidos, Bill Gibbs, de Claymore Beverage, dice: «Es como si las botellas saltaran del estante y volaran hacia ti».*

Big Rock ha conseguido un extraordinario nivel de credibilidad en el segmento más elevado del mercado —restaurantes de moda— dirigiendo sus actividades promocionales a grupos de teatro, festivales de folk, ballet y ópera en lugar de los públicos tradicionales a los que se dirigen las grandes cerveceras.

En la república de la mediocridad, el genio es peligroso.

Robert Ingersoll

Ejercicio 4-2   Todas son diferentes entre sí.

Ejercicio 4-3   La mayoría de la gente ve menos de veinticinco triángulos. En realidad, hay treinta y cinco.

Ejercicio 4-4   ¿Has hecho el *b* después de haber resuelto el *a*? Estos dos ejercicios te mostrarán hasta qué punto dominas el principio de buscar más de una solución. Es muy fácil detenerse después de haber encontrado una. Si no has encontrado tres para cada ejercicio, formas parte de la inmensa mayoría. Ahora, vuelve atrás e inténtalo de nuevo. (El ejercicio *a* tiene un mínimo de treinta soluciones. Si asistes a uno de mis seminarios sobre creatividad, te enseñaré algunas soluciones francamente demoledoras que sólo una de cada mil personas serían capaces de concebir. El ejercicio *b* tiene más de diez soluciones. En el Anexo [p. 209] puedes ver algunas de las mías.)

* En inglés, *grasshopper* significa «saltamontes». *(N. del T.)*

CAPÍTULO
5

Una extraordinaria memoria para olvidar

¿Está «velada» tu memoria fotográfica?

¿Qué tal andas de memoria? La finalidad del presente capítulo consiste en poner de relieve la importancia de escribir las ideas. Casi nunca escribimos las ideas, pues estamos convencidos de que seremos capaces de recordarlas más tarde. Ahí está el error. No somos tan buenos como creemos recordando cosas.

Los ejercicios siguientes te lo demostrarán.

Ejercicio 5-1. ¡Soy demasiado mayor para acordarme!

Dibuja el dial de un teléfono no digital, es decir, con un marcador giratorio en lugar de pulsación, y coloca los círculos con los números del cero al nueve y las letras del alfabeto en la posición correcta. Lo habrás visto muchas veces, de manera que no te resultará difícil recordarlo. ¡Adelante!

Si crees que eres demasiado joven (o demasiado mayor) para acordarte de cómo es un teléfono de dial giratorio, intenta hacer el ejercicio con un moderno teléfono digital, recordando los números y las letras correspondientes a cada tecla.

> Siempre me cuesta recordar tres cosas: rostros, nombres y... No recuerdo cuál es la tercera.
>
> *Fred Allen*

Ahora consulta la página 64 para comprobar el resultado. Si no has conseguido recordar el trazado exacto del teléfono giratorio (o del digital), perteneces a la mayoría. Pasemos al siguiente ejercicio.

57

Ejercicio 5-2. Los ladrones

Recuerda la viñeta con los dos ladrones del capítulo 2. Imagina que fuiste un testigo ocular de lo sucedido y que la policía te ha pedido que identifiques a los dos facinerosos. Sin mirar la ilustración de la página 33, prueba a identificar a los dos hombres que intentaban perpetrar el robo de creatividad de entre las doce figuras siguientes.

A estas alturas, más de uno estará preocupado por su evidente «pérdida de memoria» a causa de la edad. ¡Tranquilos! Pensad en los niños. Preguntad a un maestro de escuela si los niños olvidan cosas. El profesor está acostumbrado a memorizar abrigos, bolsas del desayuno, guantes, libros, peines, lápices, bolígrafos, etc. Los niños no olvidan nada a causa de la edad; nosotros tampoco. Lo hacemos a causa de las innumerables distracciones que nos rodean.

«Casi todo lo que haces hoy lo habrás olvidado en pocas semanas», dijo John McCrone en la edición de marzo de 1994 de

> Nunca olvido una cara, pero en su caso haré una excepción.
>
> *Groucho Marx*

58

New Scientist. «La capacidad de recuperar un suceso memorizado disminuye exponencialmente, y al cabo de un mes, más del 85% de nuestras experiencias se habrán volatilizado, a menos que utilicemos métodos artificiales para mantenerlas vivas, como por ejemplo periódicos y fotografías.»

No recordar el dial del teléfono o los dos rostros de una viñeta no es grave. Sin embargo, olvidar buenas ideas para resolver un problema nos puede costar muy caro. Las ideas son fáciles de olvidar. Si no has tenido suficiente con los ejercicios anteriores, prueba con el siguiente y te convencerás.

Ejercicio 5-3. Pensar en lo que se pensó

Escribe lo que pensabas tal día como hoy hace una semana. Tus problemas, las soluciones que se te ocurrieron, los problemas de otras personas o los de la sociedad. Intenta recordar y escribe.

¿Qué tal? Si no has conseguido recordar demasiadas cosas de las que constituían tu centro de atención hace una semana, ¿cómo puedes saber si has olvidado una o más ideas clave que se te ocurrieron aquel día? ¿Y las que concebiste durante los días siguientes? Es posible que tuvieras alguna idea útil y que la hayas olvidado al no escribirla.

Para poner freno a la tendencia de sus empleados a olvidar buenas ideas, algunas organizaciones han colocado blocs y bolígrafos en las taquillas del gimnasio para que puedan anotar las ideas que se les ocurran mientras hacen ejercicio o están en la ducha. Y tienen una buena razón para hacerlo, pues muchas de las ideas más luminosas se generan durante la práctica de un ejercicio físico, como resultado del estado alterado de la mente que produce este tipo de actividad. Las compañías quieren asegurarse de que las ideas se anotan de inmediato y no se pierden con el paso del tiempo.

Principio de la creatividad:

Escribir todas las ideas

Si no tomas nota inmediatamente de tus ideas, te arriesgas a no recordarlas más tarde. ¿Por qué se olvidan las ideas a medida que transcurre el tiempo? La mente suele estar sobrecargada intentando recordar la infinidad de cosas que integran nuestro devenir cotidiano, y cuando estamos completamente absorbidos por algo relacionado con otros compromisos laborales o con nuestra vida privada, aquella buena idea que tuvimos hace uno o dos días mientras estábamos en la ducha es lo último en lo que piensa nuestra mente.

Si quieres convencerte de la importancia de anotar las ideas y las soluciones, realiza este último ejercicio. Cuando estés trabajando en un proyecto especial, escribe todas las ideas que se te ocurran y guárdalas en una carpeta. Procura ser recalcitrantemente metódico. No olvides ningún detalle. Hazlo durante un par de semanas, y en el transcurso de este lapso de tiempo no revises el contenido de la carpeta. Al término del decimocuarto día, intenta recordar todo lo que has archivado. Luego, revisa la carpeta. Te sorprenderá la cantidad de ideas que has olvidado.

Cultivar el árbol de ideas

Las ideas, respuestas y soluciones sobre un problema o proyecto puedes anotarlas de muchas formas distintas: confeccionando una lista, utilizando frases sueltas o escribiendo un ensayo. Todos los métodos pueden dar buenos resultados.

Sin embargo, existe una herramienta excepcional para anotar ideas. Es un mecanismo especialmente útil en las fases iniciales de un proyecto o de la resolución de un problema.

> Por fin conseguí reunirlo todo y luego olvidé dónde lo había guardado.
>
> *Un sabio anónimo*

Se trata del árbol de ideas, una fórmula que también se conoce como mapa mental, diagrama hablado, web del pensamiento y diagrama de grupos. El árbol de ideas es sencillo, pero eficaz. Lo más curioso es que a la mayoría de nosotros nunca nos enseñaron a usarlo cuando íbamos a la escuela. Personalmente, la primera vez que oí hablar de él fue en un restaurante; me lo explicó un camarero.

Veamos en qué consiste. Se empieza siempre por el centro de la página, anotando el objetivo, tema o finalidad del árbol de ideas. Por ejemplo, si quieres cultivar uno relacionado con las diferentes formas de comercializar un nuevo libro sobre gestión empresarial, puedes hacerlo como en la figura 5-1.

A partir del tema central se proyectan líneas o ramas en las que deberás anotar las ideas asociadas con el problema o proyecto. Las más importantes se sitúan en ramas independientes cerca del centro de la página, de las que partirán otras ramas secundarias, que no son sino una prolongación de las principales. Es así como se vinculan las ideas secundarias con las ideas principales. A su vez, cada rama secundaria se puede ramificar para dar cabida a un tercer nivel de ideas.

Una idea principal para el marketing de un nuevo manual de gestión empresarial consiste en comercializarlo en las librerías. Anotaremos el término «librerías» como una de las ideas principales en el árbol de ideas de la figura 5-1, y de ella partirán ideas secundarias: los tipos de librerías. Por lo tanto, las cadenas, universidades y librerías independientes se relacionarán en el segundo nivel

Figura 5-1. Árbol de ideas sobre las formas de comercializar un libro de gestión empresarial

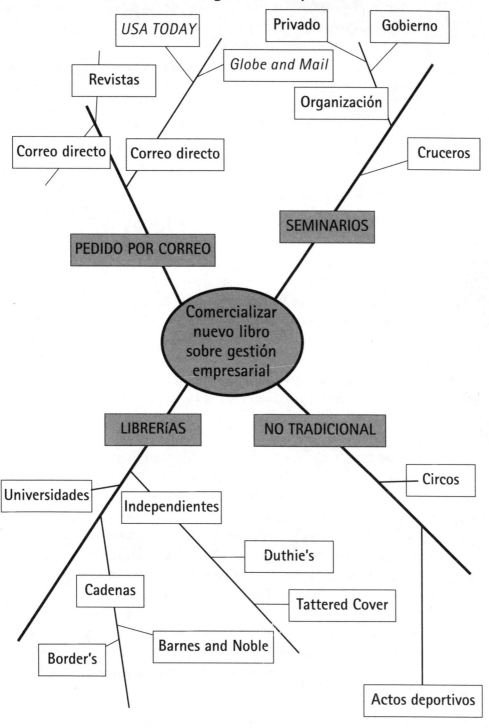

> Todo el mundo debería llevar un lápiz en el bolsillo y anotar enseguida las ideas. Las inesperadas suelen ser las más valiosas y habría que asegurarlas, puesto que casi nunca regresan.
>
> *Francis Bacon*

de ideas. Se ha utilizado el tercer nivel para desarrollar la idea secundaria de las cadenas de librerías, incluyendo a Barnes and Noble, y a Border's. Si es necesario, se pueden añadir más niveles de ideas. (Obviamente, el ejemplo se ciñe a Estados Unidos; tú deberás diseñar el tuyo propio.)

Es una herramienta muy poderosa para generar innumerables ideas en un corto espacio de tiempo. Aunque el árbol de ideas está destinado muy específicamente a la lluvia de ideas individual, se puede adaptar sin mayores dificultades para su uso en grupo. Analicemos los motivos de su eficacia como instrumento generador de ideas.

Ventajas del árbol de ideas

- Es compacto. Se pueden listar muchas ideas en una sola página. Si es necesario, el árbol se puede ampliar a otras páginas.
- Las ideas se clasifican por categorías, lo que hace más fácil agruparlas.
- El creador de un árbol de las ideas puede recurrir a sus propias ideas para generar muchas más, un proceso muy similar al de la lluvia de ideas colectiva.
- Es una herramienta a largo plazo. Después de dejarla a un lado durante un día o una semana, se puede volver a ella e incorporar un sinfín de ideas frescas.

Los árboles de ideas no sólo se utilizan en el desarrollo de la actividad del lóbulo derecho del cerebro para una generación rápida de ideas, sino también para el autodescubrimiento. En este caso, la categorización de las ideas se puede emplear para conocer, por ejemplo, qué relación tenemos con el dinero.

Las actividades del lóbulo izquierdo del cerebro, tales como la planificación y organización, también se pueden expresar en un árbol de ideas. Los planes a corto y a largo plazo, la definición de objetivos y las anotaciones para una conferencia también se pueden generar con esta herramienta.

La figura 5-2 muestra un árbol de ideas más avanzado que incorpora ilustraciones. Las imágenes se utilizan para fomentar la creatividad y la memoria. El color también se puede combinar con las imágenes para potenciar aún más si cabe el efecto del esquema.

Figura 5-2. Árbol de ideas (con imágenes) para decidir qué hacer en un largo fin de semana

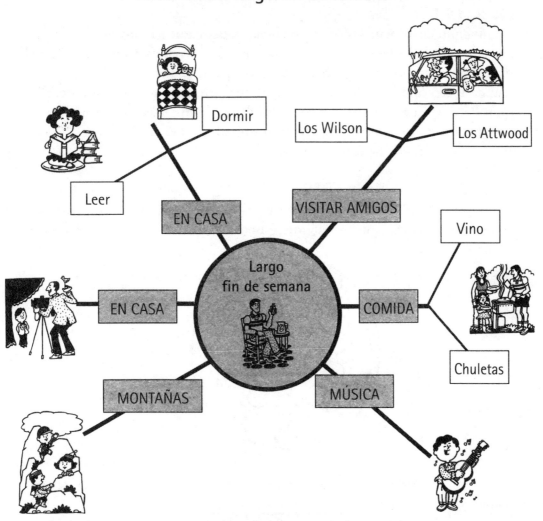

Los árboles de ideas requieren más trabajo que una lista normal, pero merece la pena hacerlo. No olvides el principio de la vida fácil del capítulo 3. Trabajar un poco más en la construcción de esta herramienta más compleja y desafiante te proporcionará una satisfacción a largo plazo mayor que cualquiera de las listas ordinarias o que prescindir de cualquier herramienta.

¿Quieres saber quiénes han utilizado, entre otros muchos, los árboles de ideas? Personajes tan «triviales» como Albert Einstein, Leonardo da Vinci, Thomas Jefferson, John F. Kennedy y Thomas Edison. Me parece un grupo excepcional al que sumarse.

Notas del capítulo

Ejercicio 5-1

En ninguno de los seminarios que he organizado, nadie ha sido capaz de representarlo con exactitud. Como observarás, hay algunas cosas del teléfono de dial giratorio en las que nunca habías reparado a pesar de haberlo utilizado infinidad de veces. Son cosas que estaban ante tus ojos, pero que nunca viste. ¿Por qué? Pues porque jamás te tomaste la molestia de mirarlas. Lo mismo ocurre con muchas de las soluciones a tus problemas: las tienes ante tus ojos, pero no las ves porque no les prestas atención.

a) El *1* no tiene letras.

b) En ABC, DEF, GHI Y JKL las letras van en el sentido de las manecillas de un reloj, mientras que los restantes grupos de tres o cuatro letras lo hacen en sentido contrario.

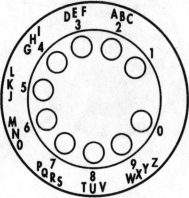

Como puedes ver, el trazado del teléfono digital es mucho más fácil de recordar.

Las ventajas
de beber
durante el trabajo

¿Una bicicleta diseñada por un psicótico?

¿Quieres saber cuál es el propósito de este capítulo? Realiza el ejercicio siguiente.

Ejercicio 6-1

Te han contratado como asesor en una importante fábrica de bicicletas. Tu trabajo consiste en evaluar los méritos de los modelos que los diseñadores presentan al fabricante, que ha solicitado un nuevo diseño para una bicicleta tándem.

Uno de ellos es el mío (lo puedes ver arriba). Aunque me licencié en ingeniería eléctrica, creo estar lo bastante preparado para diseñar un artilugio mecánico. (¡Me consta que estás asombrado!)

Describe por escrito los aspectos principales de mi diseño para una nueva bicicleta tándem que harás constar en tu informe para el fabricante. Sé honrado en tu evaluación y no temas herir mi ego.

Analicemos pues el diseño del ejercicio 6-1. ¿Qué elementos has elegido para redactar el informe? ¿Son todos negativos? Si es así, evidentemente no has examinado a fondo mi diseño. A menos que hayas considerado algunos aspectos positivos, algunos aspectos negativos y algunos aspectos intermedios, está clarísimo que has decidido pasar directamente a las conclusiones sin haber evaluado como es debido mi «maravilloso» diseño. Has emitido un juicio (en lo sucesivo, EDJ o emisión de un juicio) antes de tiempo.

> Las decisiones acertadas son fruto de la experiencia, y la experiencia..., bueno, la experiencia es fruto de las decisiones erróneas.
>
> *Un sabio anónimo*

Habrías tenido que apreciar ciertos elementos positivos, tales como la rueda trasera, que se puede usar de rueda de recambio de la delantera en caso de pinchazo. ¿Has considerado la mayor comodidad del viaje al disponer de dos ruedas traseras? Esta bicicleta también tendría otra ventaja sobre los modelos convencionales a la hora de transportar cargas pesadas. Es espléndida para las personas obesas. Por otro lado, quizá hubiera quien deseara comprarla como señal de estatus a causa de su diseño innovador.

En cuanto al aspecto negativo, es posible que dificulte el pedaleo —la rueda trasera añade un notable peso adicional a la bicicleta, y además tiene un aspecto ridículo, pues no hay asiento para una segunda persona.

Hay muchos puntos positivos y negativos que conviene tener en cuenta en mi diseño. Para explorarlos detenidamente, los anotaremos, los analizaremos uno por uno y luego tomaremos una decisión basada en una evaluación global de esta nueva idea para una bicicleta tándem.

Ejercicio 6-2

Eres el propietario de una agencia de publicidad de mediana envergadura. Para seguir siendo competitivo, tu compañía está buscando nuevos mercados y nuevas oportunidades. Hace dos semanas instalaste un buzón de sugerencias para fomentar las nuevas ideas de los empleados. Mientras revisas las últimas papeletas depositadas en el buzón, te sorprende una sugerencia bastante insólita. Dice lo siguiente: «Nuestros nuevos folletos promocionales pertenecen a la categoría de los compartimentos de los lavabos».

¿Cómo reaccionarías?

1. Pensarías que es una broma y la echarías a la papelera.

2. Pensarías que la idea es seria, pero que su autor está chalado.

3. Pensarías que significa que los nuevos folletos son ineficaces.

4. Considerarías que la idea es buena y que tiene mérito.

No bombardees tus ideas con EDJ

Es probable que tu emisión de juicio (EDJ) haya influido en la respuesta elegida en el ejercicio 6-2. ¿Has ignorado o eliminado los compartimentos de los lavabos como un medio viable de publicidad? De ser así, reflexiona un poco más.

Un empresario de Estados Unidos está generando miles de millones de pesetas de ingresos anuales vendiendo espacios publicitarios en los servicios de las empresas y de los aviones. La idea surgió después de haber dejado unos folletos de ventas en unos lavabos y de empezar a recibir una gran cantidad de respuestas. Una de sus mayores ventajas consiste en que la audiencia está más cautiva con esta forma de publicidad. Si no has prestado la menor atención a este medio publicitario es porque has sido víctima de una emisión de juicio, que te ha impedido explorar esta idea en profundidad.

Principio de la creatividad:

Analiza a fondo tus ideas

Todos somos víctimas de nuestra emisión de juicios. Es nuestra parte racional capaz de destruir una idea antes de que haya tenido la oportunidad de florecer. Muchas buenas ideas pasan desapercibidas porque no reciben la debida consideración. Encontramos algo negativo en ellas y las descartamos de inmediato. Lo contrario también es cierto, es decir, aceptamos sin más una idea antes de analizar todos sus aspectos negativos.

Algunas extraordinarias ideas «descabelladas» se salvan de la EDJ

Muchas ideas satisfactorias han conseguido zafarse de los efectos destructivos de la EDJ de los demás porque quienes las han concebido tuvieron la suficiente firmeza mental para explorar a fondo su valía. En nuestra sociedad, la mayoría de la gente no les habría prestado la menor consideración, pero debido a su éxito, hoy en día nadie las discute.

- La prolongación excesiva —accidental— de la preparación de los granos, hizo que los hermanos Kellogs, a finales de 1800, descubrieran un nuevo producto que decidieron introducir como cereal frío. Hasta la fecha, los cereales siempre se habían consumido calientes. La mayoría de los expertos en marketing anunciaron un inminente fracaso para este producto, etiquetándolo como «comida para caballos». Pero los hermanos Kellogs lo bautizaron como «copos de avena». Hoy en día sigue siendo muy popular.

- Hace más de diez años, Bill Comrie, junto con otros dos socios, asumió la gestión de la pequeña tienda de mobiliario de su padre en Edmonton, Alberta. En la actualidad, Bill Comrie es propietario de los almacenes Brick Furniture, una de las principales cadenas de muebles en Norteamérica. Una de las primeras herramientas de marketing de Comrie fue la «Venta Loca a Medianoche», muy cuestionada por sus socios, que afirmaban que no tendría la menor relevancia. Pero lo cierto es que la tuvo. Consiguieron más ingresos en una sola noche de los que había logrado el padre de Bill Comrie en todo el año anterior de negocio. La Venta Loca a Medianoche tuvo muchísimo éxito en las primeras etapas del increíble crecimiento de Brick.

¡Diablos! ¿Por qué no se me ocurrió a mí esta ingeniosa bicicleta?

- La noche en que se concibió la idea de Pet Rock (roca mascota), fueron muchos los que se burlaron de aquella gran mascota que todo el mundo querría tener. Naturalmente, fue una idea ridícula para todos menos para Gary Dahl. Regresó a su casa y no pudo dormir dándole vueltas y más vueltas a la idea. Tras superar su EDJ, decidió comercializar un libro de instrucciones para cuidar del Pet Rock. Su éxito hizo historia.

- Incluso las notas autoadhesivas Post-it estuvieron a punto de sucumbir al feroz bombardeo de la EDJ. La idea se le ocurrió a Art Fry en 1974, un empleado de 3M que cantaba en un coro. Usaba pedacitos de papel para señalar los himnos, pero se caían cada dos por tres. Un día, fue a la oficina y confeccionó varios papelitos con una cara adhesiva. Y dieron resultado. Cuando 3M decidió analizar una versión comercial de aquellas notas desde un punto de vista de marketing, los distribuidores pensaron que era una bobada. Los primeros sondeos del mercado ofrecieron escasas esperanzas. Pero 3M no permitió que la emisión de juicios interfiriera en el desarrollo del producto. Un *mailing* de muestras dirigido a secretarias de grandes compañías obtuvo una respuesta muy favorable. Fue introducido en 1980 y actualmente está generando más de 76.000 millones de pesetas anuales a 3M.

No confíes en tu banquero o en programas de sugerencias

Si alguna vez el director de una entidad bancaria ha rechazado tus ideas por ser estrambóticas, descabelladas o fruto de una chifladura, ya eres uno más de los que han aprendido que no se puede confiar en que a un banquero le gusten tus ideas. En una ocasión, un banquero dijo a Alexander Graham Bell que se largara de su banco con «aquel ridículo juguete». Este supuesto «ridículo juguete» era uno de los primeros modelos de teléfono.

Conseguir que tu banquero piense positivamente en tu producto puede constituir todo un reto. En uno de los seminarios que impartí en una entidad bancaria, utilicé la bicicleta tándem del ejercicio 6-1 para determinar si sus directivos analizaban a fondo las ideas, es decir, si evaluaban tanto sus cualidades positivas como negativas. De cada diez comentarios, sólo uno era positivo. Teniendo en cuenta que la bicicleta tiene algunos atributos dignos de consideración, concluí que todas aquellas personas estaban adiestradas, ante todo, para concentrarse en lo negativo. No es, pues, de extrañar que muchas buenas propuestas de negocio reciban un escaso apoyo financiero por parte de la mayoría de los bancos.

> Cuando aparece un auténtico genio en el mundo le puedes reconocer porque todos los burros se alían en su contra.
>
> *Jonathan Swift*

Poco después, tuve la oportunidad de organizar un seminario para los miembros de una asociación que se encargaba de poner en marcha programas de sugerencias en sus respectivas empresas. Los resultados no fueron mejores que los de los banqueros; la bicicleta tándem no despertó ni un solo comentario positivo. Era curioso comprobar que unos individuos acostumbrados a trabajar con programas de sugerencias no supieran analizar a conciencia las ideas.

Los buzones de sugerencias ofrecen una cierta evidencia del poder de la EDJ. Algunas compañías aseguran que más del 50% de las ideas de sus empleados son meritorias. Según Toyota, por ejemplo, su Sistema Creativo de Sugerencia de Ideas ha generado más de veinte millones de ideas en cuarenta años, más del 90% de las cuales han sido aceptadas.

Por el contrario, otras firmas dicen que menos del 5% de las sugerencias de sus empleados tienen algún valor. ¿Por qué es tan acusada esta diferencia? Lo más probable es que los directivos de las compañías que sólo dedican unos pocos minutos a revisar las ideas sugeridas estén descartando una infinidad de buenas ideas. No las exploran en profundidad para detectar todos sus aspectos positivos, sino que sólo se centran en los negativos.

El ataque de los asesinos de ideas con la EDJ

«Nunca funcionará. ¡Es una idea estúpida!» Si has tenido una idea diferente, las posibilidades de que tus colegas, amigos o familiares te digan que no dará resultado son innumerables. De hecho, prácticamente todos los emprendedores que han tenido éxito desarrollando un producto o servicio radicalmente nuevo han tenido que oír la voz de los asesinos de ideas con su emisión de juicios.

Veamos algunas de las numerosísimas EDJ con las que los asesinos de ideas suelen atacar a un individuo innovador que sugiere algo nuevo y diferente:

- ¿Por qué nadie ha pensado en ello con anterioridad?
- Otros han intentado algo similar y han fracasado.
- Requeriría demasiado trabajo.
- No tiene experiencia en nuestro sector.
- Sería demasiado caro.
- La alta dirección nunca lo aprobaría.
- La gente creerá que estamos locos.

Aplica el método MMI a tus ideas

El método MMI es una poderosa herramienta intelectual desarrollada por Edward de Bono. Poderosa, pero simple. Quien más quien menos está convencido de utilizarla al ciento por ciento, aunque lo cierto es que mucha gente no la usa en absoluto. En realidad, los grandes intelectuales son más propensos que los demás a ignorar este método, pues están convencidos de que su punto de vista es el único correcto.

El método MMI de pensamiento es una herramienta que se emplea durante un período de varios minutos (de dos a cinco) para concentrar la atención en la idea que se tiene entre manos. Se trata de una forma deliberada y ultradisciplinada de realizar un análisis más completo de la idea.

MMI es la sigla de los tipos de cosas que habría que considerar al evaluar una idea o una solución a un problema. Su significado es el siguiente:

¡Qué bicicleta tan maravillosa! Seguro que le resulta más cómodo que llevarme a cuestas.

- La primera *M* quiere decir Más (aspectos positivos).
- La segunda *M* quiere decir Menos (aspectos negativos).
- La *I* quiere decir Interesante (aspectos neutros).

El MMI es un analizador de ideas

Si preguntáramos a cincuenta personas qué piensan de la idea del gobierno de regalar un millón de pesetas a cada ciudadano para estimular la economía, la mayoría estaría de acuerdo en que se trata de una buena idea. Si a continuación preguntáramos a estas mismas personas que reconsideraran su respuesta utilizando el método MMI de pensamiento, es indudable que los resultados variarían. El análisis MMI podría ser más o menos el siguiente:

MÁS	MENOS	INTERESANTE
Impulsará el gasto. La gente será más feliz. Se crearán más empleos. Los niños se marcharán de casa.	Subirán los impuestos. Los drogadictos comprarán drogas y los alcohólicos beberán como cosacos. Se agotarán más recursos. Crecerá la inflación. Los niños se marcharán de casa.	Será interesante comprobar cuánto dinero se destina al ahorro en cuentas bancarias. Será interesante comprobar en qué gastará el dinero la gente. Será interesante comprobar si aumentan las donaciones benéficas.

Fíjate en que el elemento «interesante» de la técnica MMI tiene diversos usos: primero, es el lugar ideal para anotar los comentarios que no son favorables ni desfavorables; segundo, se anima al pensador a ir más allá del marco sentencioso habitual de bueno o malo; y tercero, este aspecto puede conducir al pensador a centrarse en otra idea a partir de la que está considerando.

> ¡Los vaqueros! Los vaqueros son los destructores, los verdaderos dictadores. ¡Están destruyendo la creatividad! ¡Hay que detenerlos a toda costa!
>
> *Pierre Cardin*

Cuando el individuo se obliga a sí mismo a usar el método MMI, casi siempre descubre que sus sentimientos en relación con el tema en cuestión cambian comparado con los que tenía al principio. La decisión final puede causarle una cierta sorpresa. Esta técnica alcanza su máxima eficacia en aquellas situaciones en las que nos sentimos seguros de nuestra conclusión inicial. Es entonces cuando es preciso utilizar esta forma de análisis.

Ejercicio 6–3. Ventajas (y desventajas) de beber en el trabajo

Imagina que te encargas de gestionar un programa de sugerencias en una gran compañía y que a alguien se le ha ocurrido lo siguiente para incrementar la productividad:

Deberíamos permitir que los empleados bebieran (bebidas alcohólicas) en el trabajo.

Analiza esta sugerencia con el método MMI para asegurarte de explorar a fondo sus aspectos positivos (véase el Anexo, p. 210; ejemplo de análisis).

MÁS	MENOS	INTERESANTE

La mayoría de las empresas dicen que son innovadoras. ¿Y qué?

Veamos ahora por qué tus ideas innovadoras y la creatividad no van a encontrar demasiado respaldo en muchas de las empresas actuales, a pesar de que todas ellas necesitan ser superinnovadoras para sobrevivir y prosperar en una economía global competitiva. El ejercicio siguiente te permitirá comprender cómo funciona una buena parte de las firmas occidentales.

> Sólo bebo para que mis amigos parezcan más interesantes.
>
> *Un sabio anónimo*

Ejercicio 6-4. Sólo el tiempo lo dirá

Tom Beller, director de marketing de una compañía de gran envergadura, se enfrenta a un gran problema. La empresa está intentando subsistir en su entorno de negocio actual, altamente competitivo y sometido a cambios constantes y sucesivos. De ahí que para seguir manteniéndose por delante de sus principales competidores esté obligada a innovar constantemente.

El problema que tiene que resolver está relacionado con Trina Hamper, una de las mejores empleadas de la firma. Siempre llega media hora tarde al trabajo y no muestra el menor propósito de enmienda. En opinión del director, no hay duda de que Trina es la empleada más valiosa del departamento en las áreas de innovación y productividad. Es independiente, enérgica y muy creativa. La calidad del trabajo que realiza es superior al del resto del personal. Tom la tiene en gran estima y así se lo ha demostrado, con la carrera de ascensos más rápida en la historia de la empresa. Por el contrario, la mayoría de los compañeros de Trina tienden a marginarla, les disgusta soberanamente tener que colaborar con ella y la critican constantemente —el hecho de que llegue tarde es uno de los principales motivos de crítica.

Recientemente, otros empleados de la firma han empezado a llegar tarde. Al preguntarles por qué, responden que si Trina puede hacerlo, ellos también.

¿Qué actitud debería adoptar Tom Beller para resolver este problema?

Según los consultores más prestigiosos de gestión empresarial, las compañías de éxito de la década de 1990 y posteriores tendrán que adaptarse al siguiente perfil:

- Tener una plantilla creativa, flexible y cuyos componentes tengan una buena formación.
- Fomentar el desarrollo personal de los empleados clave.
- Diferenciar su servicio.
- Ser conscientes de la calidad.
- Ser restrictivas, pero extremadamente sensibles.
- Ser altamente innovadoras.

El caso práctico del ejercicio 6-4 representa una situación que, en opinión de los participantes de mis seminarios y cursos, se suele dar a menudo en el mundo empresarial (véase Notas del capítulo, pp. 85-86; soluciones potenciales): las consecuencias que acarrea el hecho de no respaldar a una persona que destaca por su creatividad.

Veamos cuáles son las cualidades de los individuos supercreativos, como Trina, por ejemplo.

Características de los empleados extremadamente creativos

- Independencia.
- Persistencia.
- Motivación y productividad elevadas.
- Asunción de riesgos.
- Sentido del humor agudo y espontáneo.
- Uso de la intuición y las emociones en la toma de decisiones.
- Equilibrio entre trabajo y ocio.
- Deseo de intimidad.
- Prefieren las tareas complejas y asimétricas en lugar de las simples y simétricas.
- Resistencia al adoctrinamiento.
- En ocasiones, es difícil congeniar con ellos.
- Adoptan una postura clara respecto a todas las cosas.
- Saborean el desorden y la ambigüedad.
- Lo cuestionan todo, en especial el *statu quo*.
- Causan problemas y les tiene sin cuidado.

Lo más importante del ejercicio 6-4 es la sensibilidad con la que Tom Beller debe afrontar la situación. Es esencial que Trina no se sienta amenazada por la posibilidad de ser despedida. Al fin y al cabo, Tom es uno de los pocos defensores con los que cuenta en la empresa. Esto suele ser bastante frecuente en cualquier empresa por lo que se refiere a las personas muy creativas. A decir verdad, si Tom está dispuesto a prestarle todo su apoyo es porque comparte muchas de las características de su empleada.

Muchas compañías se vanaglorian de lo innovadoras que son, aunque en la mayoría de los casos el término «innovador» sólo se usa porque suena bien. Si analizas detenidamente este tipo de organizaciones, te darás cuenta de que no respaldan a los empleados que, como Trina, muestran la iniciativa de ser creativos. La pregunta que siempre formulo es la siguiente: «Cómo puede ser realmente innovadora una empresa si no respalda a los miembros más creativos de su plantilla?».

> Un hombre con una nueva idea es maniático hasta que la idea tiene éxito.
>
> *Mark Twain*

La mayoría de los empleados, incluyendo los directivos situados en las altas jerarquías empresariales, se sienten molestos, incómodos —ofendidos— por la presencia de estrellas de las características de Trina. Prefieren los comportamientos normales y corrientes a la mínima demostración de iniciativa. Cuando un individuo supercreativo da un paso al frente y propone ideas innovadoras, se le considera una especie de amenaza y con frecuencia se ve condenado al ostracismo por parte de sus compañeros de trabajo, que ven en él a un peligroso rival que pronto podría conseguir un ascenso. Muchos directivos hacen lo imposible para complicar la vida a quienes no se ajustan a la norma, pese a contribuir muchísimo más al éxito y a los beneficios de la organización que quienes lo hacen.

Una de las fórmulas que los directivos tienes a su disposición para someter a los individuos supercreativos consiste en acusarles de no ser capaces de trabajar en equipo. En estos últimos años, el mundo empresarial ha puesto un énfasis excesivo en el trabajo en equipo, lo cual redunda en una plantilla de empleados menos individualistas y menos creativos. En muchos casos, los directivos que ponen de relieve la importancia de ser un buen jugador de equipo sólo están buscando individuos que digan amén a todo.

> Si tienes un empleado que dice amén a todo, uno de los dos se repite.
>
> *Ex director de Xerox*

A menudo, quienes tienen las ideas más potentes y hacen gala de una inusitada creatividad son renegados. Por supuesto que las personas muy creativas no suelen ser buenos jugadores de equipo, pero en lugar de intentar adiestrarlos para que lo sean, los empresarios deberían apoyar su inapreciable peculiaridad. Las ideas no surgen de los grupos, sino de los individuos.

Muchos directivos buscan empleados que digan amén a todo porque se sienten amenazados por las características de los supercreativos, sobre todo por las cuatro últimas de la lista de la página 74. De ahí que los directivos inseguros tiendan a promocionar al personal sin talento creativo. En una entrevista concedida a la revista *Fortune*, Tom Watson, ex director ejecutivo de la entonces próspera IBM, dijo lo siguiente sobre el tipo de empleados que solía promocionar:

> Nunca dudé en ofrecer un ascenso a alguien que no me gustaba. El simpático ayudante con el que saldrías a pescar los fines de semana supone un riesgo extraordinario. Por el contrario, me dedicaba a buscar a aquellos individuos bruscos, huraños, duros de pelar, casi desagradables, que ven las cosas y te las dicen como realmente son. Si eres capaz de sacar el máximo partido de ellos y tienes la suficiente paciencia para escucharlos, tus posibilidades son ilimitadas.

En la mayoría de las grandes compañías, a una persona muy creativa le resultará muy difícil ascender. Alguien que actúe como un empresario se verá relegado o trasladado a otro puesto de trabajo en el que no pueda seguir practicando su espíritu directivo. La organización puede hacer dos cosas: intentar domesticarlo o despedirlo, pero aun en el caso de que no se vea excesivamente amenazado, al final acabará dándose cuenta de que nadie respalda sus iniciativas y se marchará.

Las empresas necesitan más a las personas supercreativas que éstas a las empresas

Con la política de despidos y de compra de empresas por parte de sus trabajadores o directivos típica de la década de 1990, ¿qué empleados crees que aceptarían abandonar voluntariamente una compañía? Los más creativos. En efecto, quienes asumen riesgos, tienen confianza en sí mismos y son productivos saben que pueden funcionar sin la empresa. Consideran degradante la vida empresarial.

> El invididuo supercreativo (...) es capaz de atesorar más sabiduría y virtudes que cualquier grupo humano.
>
> *John Stuart Mill*

A pesar de las duras condiciones económicas, cada vez es mayor el número de gente que se libera de la rígida estructura empresarial para crear sus propios negocios o dedicarse a sus intereses personales en áreas mucho más reconfortantes que su empleo, aunque ganen menos dinero y trabajen más horas que antes.

Cuando un supercreativo abandona una organización, ésta resulta gravemente afectada. Las compañías se disparan un balazo a un pie —a veces dos e incluso tres— cada vez que permiten que un empleado dotado de un excelente talento creativo se marche.

• El efecto más evidente consiste en la pérdida de los servicios de un individuo extremadamente innovador y productivo.

• El segundo efecto consiste en que el ex empleado se integra en la estructura de un competidor que presta mucho más apoyo a la gente creativa. También existe la posibilidad de que se erija él mismo en competencia creando su propia empresa.

• El tercer efecto que produce en una organización la marcha de un individuo creativo consiste en que los demás empleados se dan cuenta de que la empresa no respalda ni recompensa a las personas muy creativas, con lo cual ni siquiera se esfuerzan en serlo.

Algunas firmas, tales como Hallmark y 3M, son célebres por el apoyo que prestan a los empleados supercreativos. ¿A qué conclusiones han llegado este tipo de organizaciones tan innovadoras como para respaldar la creatividad? Entre otras, a las siguientes: hay que dejar que los individuos altamente creativos sean ellos mismos; conviene respetar su independencia y protegerlos; no sólo hay que recompensarles por el éxito, sino también por el fracaso; la recompensa tiene que ser económica, con algún incentivo adicional de productividad; las personas creativas tienden a ser muy posesivas con sus ideas y consecuciones, y detestan que los demás empleados, especialmente los directivos, se pongan medallas gracias a sus logros; de ahí que haya que felicitarles constantemente por sus méritos.

Trenton, le despido porque no soporto a los que siempre dicen amén como usted.

Sra. Dole, no podría estar más de acuerdo con usted. ¡Qué brillante decisión!

Art Fry, mencionado en la página 68, en este capítulo, era un científico que llevaba trabajando treinta años en 3M Corporation. Fry coronó una larga carrera en 3M desarrollando las notas autoadhesivas Post-it con la colaboración de Spencer Silver. Sin el estímulo empresarial, las notas Post-it nunca se hubieran desarrollado.

En una conferencia, Art Fry declaró lo siguiente acerca de los empleados supercreativos, o «emprendedores», como se los llama en 3M:

Pero permítanme que les haga una advertencia. Los emprendedores son una raza bastante distinta —los abrojos son la silla de montar de muchos directivos—. Quieren cambiar las cosas, gastar dinero, pensar a largo plazo, hacer preguntas embarazosas, desafiar la autoridad y quizá ocasionar trastornos. Así es, y con frecuencia, la oportunidad de conseguir que algo suceda es más importante para ellos que las motivaciones convencionales de dinero o poder.

Sin embargo, para contratar a aquellos innovadores y emprendedores les ofrecemos tiempo, libertad y una perspectiva de la empresa. Les contratamos a ciegas, sin saber qué es lo que andan buscando.

> No quiero tener empleados que digan amén a todo a mi alrededor. Quiero que todo el mundo me diga la verdad aun a costa de perder el empleo.
>
> *Samuel Goldwyn*

En relación con estos individuos supercreativos, Leon Royer, director ejecutivo de formación organizativa de 3M, ha manifestado: «O aprendes a adquirirlos y cultivarlos o se te comerán vivo». Desde luego, no es fácil tratar a los empleados que se caracterizan por una desbordante creatividad; una vez más se aplica el principio de la vida fácil. Los individuos muy creativos exigen un elevado coste de mantenimiento, pero merece la pena el precio que hay que pagar. Como dijo un ejecutivo de IBM que apoya a la gente con capacidad creativa: «Vale más un águila que dos pavos».

¿Por qué los sabelotodo sufren la enfermedad de los especialistas?

Mientras estaba escribiendo este libro, recibí un folleto de una fundación internacional. En la cubierta se podía leer lo siguiente: «¡CONVIÉRTETE EN UN SABIHONDO! He aquí cómo», y en las páginas interiores: «Únete a la Fundación y descubre lo fácil que es saberlo todo». Me pregunto si estas personas habrán reparado alguna vez en las ventajas de no saber nada.

Existen algunos problemas relacionados con los individuos que quieren ser sabelotodos. El más importante estriba en que tienden a ser anticreativos. Los investigadores han descubierto que cuanto más expertos son —o más sabihondos— más convencidos están de que realmente «saben» algo y menos abiertos se muestran a considerar nuevos enfoques. Es lo que se llama «enfermedad de los especialistas».

En una empresa, los «sabelotodo» o «expertos» pueden convencernos de que saben mucho más que nosotros por el mero hecho de trabajar en ella. Aparentemente, se supone que saben lo razonable e incluso lo irrazonable. Pero lo cierto es que sus rígidas creencias y sus inflexibles pautas intelectuales han agarrotado la creatividad en muchos campos del saber. Elbert Hubbard definió a un especialista como «alguien que se autolimita al tipo de ignorancia que ha elegido».

En cualquier sector industrial, los expertos o especialistas suelen ser los menos innovadores. Hay tres factores que obstaculizan la creatividad de los sabihondos:

- El conocimiento
- La educación
- La experiencia

> Nadie puede ser un verdadero especialista sin ser un idiota en el estricto sentido de la palabra.
>
> *George Bernard Shaw*

Los expertos que sufren la enfermedad de los especialistas son maestros en el arte de asesinar ideas. Creen tener todas las razones del mundo para asegurar que algo nuevo y diferente no funcionará. En consecuencia, tienden a ser menos creativos e innovadores que sus colegas y a no respaldar a quienes intentan serlo.

Los especialistas te darán un brillante argumento para justificar el más que probable fracaso de algo y convencerán a mucha gente, ya que su capacidad para razonar lo irrazonable es extraordinaria. Pero se olvidan de algo fundamental: ¡los motivos por los que sí funcionará!

MBA no significa «Mercedes–Benz Asegurado»

Si quieres ser un líder en el entorno empresarial actual, debes ser innovador. Un master en administración de empresas (MBA) puede resultar muy útil para gestionar una compañía, pero si careces de un título universitario o de posgrado no significa que tengas que sentirte en una situación desventajosa respecto a quienes lo tienen. De hecho, incluso es posible que tengas una ventaja. Recientemente, la revista *Business Week* publicó que la mayoría de los programas empresariales coartan la creatividad.

Las universidades que imparten programas empresariales como el que tuve la ocasión de cursar, pretenden hacernos creer que MBA significa «Mercedes-Benz Asegurado». No obstante, tal y como pude comprobar después de graduarme, desde una perspectiva de creatividad, su significado es muy diferente. El graduado MBA medio no suele destacar por su talento creativo. Ésta es la razón por la que Lee Iaccoca, ex presidente de Chrysler, dijo: «Los MBA lo saben todo y lo conocen todo». Al regresar al mundo real no tardé en descubrir cuál era el significado de aquellas siglas: «Menuda Birria, Amigo».

Éstos son los rasgos característicos que deberían reunir los directivos, o las cualidades en las que deberían sobresalir si desean triunfar en la empresa actual:

- Creatividad
- Toma de decisiones intuitiva
- Visión
- Brío y entusiasmo
- Capacidad de mejorar el servicio al cliente

> Siempre puedes hablar con un titulado de Harvard –aunque podrás hablar poco.
>
> *James Barnes*

¿Cuántos libros de texto de gestión empresarial en las universidades incluyen todos estos importantes elementos de la moderna gestión en su índice analítico? No muchos. Peter Drucker tenía razón al decir que «Cuando un tema queda obsoleto, las universidades tienden a hacerlo obligatorio».

La creatividad y la innovación en los negocios va más allá de tener titulaciones universitarias. Los factores principales para conseguir el éxito creativo no se suelen adquirir en los sistemas escolares o académicos. No nos engañemos, algunas de las personas menos creativas del mundo de los necios tienen un título de MBA, mientras que algunas de las más creativas son individuos que ni siquiera han oído hablar de un MBA y que jamás necesitarán uno para seguir generando productos y servicios innovadores.

Cuidado con los especialistas que no son tan especiales como aparentan

Acabas de plantear tu nueva idea a un equipo de «expertos» y te han dicho: «No dará resultado». ¿Cómo deberías reaccionar? Descubriendo por ti mismo si esa idea puede tener éxito o no. Con los años, mucha gente con una formación, una experiencia y una conocimiento limitados han demostrado que los sapientísimos y experimentados especialistas estaban equivocados.

Recuerda que Cristóbal Colón se atrevió a contradecir la creencia generalizada de la época de que la Tierra era plana. Hoy en día, los mundos planos todavía existen, aunque tienen formas diferentes. En todos los sectores industriales siempre ha habido pensadores de mundos planos. Veamos siete ejemplos clásicos:

- Erasmus Wilson, profesor de la Universidad de Oxford, dijo en 1878: «Se han dicho muchas cosas a favor y en contra de la luz eléctrica, pero estoy completamente convencido de que cuando se clausure la Exposición de París, la luz eléctrica también se clausurará y no se oirá hablar nunca más de ella».

- Charles Duell, director de la Oficina de Patentes de Estados Unidos, dijo en 1899: «Todo lo que se puede inventar ya se ha inventado».

- Harry Warner, presidente de Warner Brothers, dijo en 1927 en defensa del cine mudo: «¿A quién demonios le interesa oír hablar al actor?».

- En 1895, lord Kelvin manifestó: «Las máquinas voladoras más pesadas que el aire son imposibles».

- En 1940, la Academia Nacional de las Ciencias de Estados Unidos declaró públicamente que nunca existirían los aviones a reacción «aun teniendo en cuenta los posibles avances tecnológicos, ya que las turbinas a gas no se pueden considerar como una aplicación viable, debido sobre todo a la dificultad de satisfacer los rigurosos requisitos de peso».

- En 1898, la Western Union rechazó los derechos de exclusiva de un nuevo invento con las siguientes palabras: «¿Qué uso podría hacer una empresa de un juguete eléctrico?». El nuevo invento era el teléfono.

- Un presidente del Michigan Savings Bank aconsejó a un abogado no invertir en Ford Motor Company porque «el caballo será eterno, mientras que el automóvil sólo es una novedad —una moda pasajera.»

> Las nuevas ideas son delicadas. Las puede matar el desdén o un bostezo: pueden ser acuchilladas hasta la muerte por una broma e inquietadas hasta la muerte por el ceño fruncido del hombre correcto.
>
> *Charlie Brower*

Mis experiencias personales me han enseñado a ser cauteloso con quien intenta impresionarme con sus vastos conocimientos de su especialidad, basados en el tiempo que lleva en su empleo actual. Me he dado cuenta de que a menudo la mejor apuesta consiste en ser «irrazonable» y no prestar atención a los «expertos», decidiendo personalmente lo que se puede y no se puede hacer.

Después de escribir y publicar *The Joy of Not Working*, recibí centenares de cartas, en su inmensa mayoría apoyando el libro. Una de las que menos respaldaban mis puntos de vista fue la de una mujer que trabajaba como editora independiente. Decía estar de acuerdo con la filosofía general de la obra, pero la criticaba por estar mal redactada y ser pesada de leer. Asimismo, me proponía reescribirla en un estilo más profesional y académico.

Aquella editora especialista tenía dos graves problemas: primero, estaba fuera de la realidad; y segundo, estaba convencida de que su percepción de la realidad era la única válida. Prácticamente todos los que me llamaban, escribían o hablaban personalmente conmigo acerca de *The Joy of Not Working* me felicitaban por lo bien escrito que estaba el libro y lo fácil que resultaba de leer. Era gente de todas las clases sociales y estilos de vida, desde maestros de escuela hasta catedráticos universitarios. Incluso se incluyó como lectura obligada en segundo curso de los estudios de ocio y entretenimiento en la Universidad de Alberta. El catedrático que tomó la decisión me comentó que lo había elegido porque los estudiantes detestaban la mayoría de los demás libros por ser demasiado académicos y difíciles de leer. De haber accedido a la propuesta de la editora, es probable que se hubiera escrito con un estilo que disgusta a la mayoría de los lectores. Ni que decir tiene que ella estaba totalmente —y erróneamente—convencida de que todo el mundo quería leer libros escritos con un estilo más profesional y académico que el mío. A pesar de ser una «experta», me mantuve alejado de sus falsas suposiciones.

Si no prestas atención a lo que ocurre a tu alrededor, es fácil dejarse atrapar por los especialistas. Incluso el más sagaz puede caer en sus redes, y como verás en el siguiente ejemplo, el precio que se paga suele ser bastante elevado.

Esto es lo que le ocurrió a la NBC hace unos quince años. La cadena invirtió alrededor de 2 millones de dólares actuales para que un equipo de especialistas creativos diseñaran un nuevo logotipo. Para su desilusión, cuando estaban a punto de usarlo, descubrieron que Nebraska Educational Network, una pequeña cadena televisiva en Lincoln, Nebraska, llevaba ya algún tiempo utilizando un logotipo casi idéntico. Entonces, la NBC llegó a un acuerdo extrajudicial con dicha cadena para pagar 55.000 dólares en efectivo y otros 500.000 en equipo de televisión usado a cambio del derecho a utilizar su logotipo. El coste total para la NBC fue de más de 4 millones de dólares actuales para el uso del logo. Por cierto, la cadena televisiva de Lincoln había pagado unos 100 dólares en salarios a uno de sus empleados para realizar el diseño.

> Tardé quince años en descubrir que no tenía talento para escribir, pero no pude dejarlo, pues en aquella época ya era demasiado famoso.
>
> *Robert Benchley*

> Un profesional es una persona que te dice lo que ya sabes, pero de una forma que te resulta imposible comprender.
>
> *Un sabio anónimo*

Algunos de los descubrimientos más significativos han sido obra de indivi-duos completamente irrazonables y que han desafiado a los expertos. Veamos algunos ejemplos de personas que han triunfado haciendo caso omiso de la emisión de juicios de los especialistas.

• Anita Roddick es la fundadora de Body Shop, la compañía de cosmética más rentable y de mayor envergadura del Reino Unido, y que también opera en Canadá. La firma es tan conocida en su país y Canadá como lo son Coca-Cola y McDonalds en Estados Unidos. Anita Roddick no tiene un MBA y es posible que triunfara precisamente porque no lo tenía. Según dice: «Hemos sobrevivi-do porque carecemos de conocimientos empresariales racionales». Es decir, al-canzó el éxito porque no sabía nada en absoluto.

• A finales de la década de 1980, dos investigadores de IBM, K. Alex Mü-ller y J. George Bednorz, desobedecieron a sus jefes e introdujeron la compañía en un nuevo sector industrial desarrollando una forma práctica de crear super-conductores. Lo más increíble de esta historia es que no eran expertos en dicho sector. Trabajaban con sustancias que los especialistas habían considerado que sólo tenían propiedades aislantes, pero ningún potencial de conductividad. Al desobedecer a sus superiores y desafiar a los expertos, ambos consiguieron el premio Nobel de física.

• Hace varios años, Jean Paré y Grant Lovig sugerían la posibilidad de pu-blicar su primer recetario de cocina *Company's Coming* a las principales edito-riales norteamericanas. Pero al comprobar que no estaban inte-resados en su publicación, Paré y Lovig decidieron hacerlo personalmente. Los expertos en el campo de la literatura y el mundo editorial les recomendaron no editar sus propios libros, pero no les prestaron atención. Lovig, que no tenía experiencia en la comercialización de libros de cocina, diseñó una estrategia de marketing creativa y heterodoxa que los grandes editores ja-más habían utilizado. El primer recetario *Company's Coming* ha vendido más de 80.000 ejemplares, algo impresionante teniendo en cuenta que de los 65.000 libros que se publican anualmente en América del norte, sólo unos doscientos consiguen vender 200.000 copias. En la actualidad, Compan-y's Coming tiene doce libros de cocina en el mercado y hasta la fecha lleva ven-didos más de 10 millones de ejemplares. Paré y Lovig demostraron cuán eleva-das pueden ser las recompensas cuando se hace algo con lo que los especialistas no están de acuerdo.

> Un experto es un hombre que ha dejado de pensar. ¿Por qué debería hacerlo? Es un experto.
>
> *Frank Lloyd Wright*

El remedio para la enfermedad de los especialistas

Resulta muy provechoso ser capaz de reconocer a los individuos aquejados de la «enfermedad de los especialistas». Aprende a ignorar a quienes, al tiempo que enfatizan su experiencia, formación y conocimiento extensivos, intentan decirte que no deberías hacer nada nuevo en un sector determinado. Sigue este principio aunque seas un recién llegado al mismo.

Cuando emprendas un nuevo proyecto, descubrirás un sinfín de barreras surgiendo de la nada. Las personas que hacen un especial hincapié en la experiencia, la formación y el conocimiento casi siempre se detienen ante la primera. Ya tienen un motivo para justificar por qué no debería hacerse algo determinado. Pero si quieres llegar hasta el final con tu idea o proyecto, debes reaccionar de otro modo.

> Escucha siempre a los expertos. Te dirán lo que no se puede hacer y por qué. Luego, ¡hazlo!
>
> *Robert Heinlein*

Si tu mayor cualidad es una actitud saludable, tienes todo lo necesario para conseguir que tu idea, servicio o producto sea un éxito. Una actitud saludable te servirá para perseverar en tu proyecto. Con perseverancia estás en el buen camino para convertirte en un líder. Tanto si la idea tiene éxito como si fracasa, personalmente habrás triunfado, pues te habrás entregado a ella en cuerpo y alma.

Tu idea siguiente requerirá la misma actitud saludable. Tarde o temprano concebirás una idea extraordinaria y dejarás atrás a los especialistas preguntándose cómo has sido capaz de tener éxito con una experiencia y unos conocimientos muy inferiores a los suyos.

Procura no contraer, tú también, la enfermedad de los especialistas, ocultando la creatividad debajo de un estrato impenetrable de conocimientos, formación y experiencia. Pero ¿significa esto que los conocimientos, la formación y la experiencia no son válidos para los proyectos creativos? ¡No! Estos tres factores pueden ser muy importantes siempre que sirvan de cimientos de la futura construcción y no se utilicen como sustitutos de la creatividad.

> Cuando la política fracasa, intenta pensar.
>
> *Un sabio anónimo*

Ten los oídos bien abiertos a las nuevas ideas, tanto si proceden de tus compañeros de trabajo, de personas ajenas a la profesión o del conserje de turno. En ocasiones, un conserje puede vislumbrar una solución que los altos ejecutivos son incapaces de concebir. El tratamiento de la enfermedad de los especialistas es bastante simple: no pienses en ti como un experto. De este modo, sacarás el máximo partido de la dicha derivada de no saber nada.

Notas del capítulo

Ejercicio 6-4

Por supuesto que el primer paso en la resolución de este problema, como en todos los demás, consiste en identificarlo (véase p. 18. ¿Dónde reside el problema, en Trina o en la organización? En algunas compañías, donde la estructura y la puntualidad son importantes, Trina podría ser el problema. De ser así, la solución consistiría en motivarla para que llegara más temprano al trabajo.

Soluciones en el caso de que Trina sea el problema

- Esta solución implica tomar en consideración las evidencias. Habla con la empleada para descubrir por qué llega tarde y pídele que llegue a la hora, habida cuenta de las consecuencias que su actitud tiene en la organización.

- Instaura el horario flexible para todo el mundo, estableciendo una hora de tolerancia, siempre que se cumplan las ocho horas de trabajo diario.

- Ofrécete llevarla en coche al trabajo.

- Condiciona su ascenso en la empresa a llegar a la hora con regularidad.

- Establece un servicio de café y pastas gratis para los empleados puntuales.

- Delega en ella la responsabilidad de asegurarse de que todos los demás empleados llegan a la hora.

- Programa reuniones a primera hora de la mañana, de tal modo que los empleados que no asistan a ellas se sientan incómodos.

- Entrégale la única llave de la oficina, con la responsabilidad de abrirla para todos, incluido tú.

- Despide a Trina y sustitúyela por una persona menos creativa.

- Retrasa media hora o una hora la entrada al trabajo para todos y observa qué sucede.

- Permite a Trina que trabaje en su proyecto favorito durante media jornada a la semana si es puntual. Este tipo de proyectos pueden generar pingües beneficios para la firma.

- Dale la oportunidad de asistir a un seminario en un centro de prestigio si es puntual durante los seis próximos meses.

En la mayoría de las organizaciones modernas, que deben ser innovadoras, tendríamos que concluir que el problema reside en la propia empresa, no en Trina.

Soluciones en el caso de que la organización sea el problema

- Deja que Trina llegue tarde y que cuente a los demás que se lo ha ganado gracias a su productividad.

- Ofrécele un ascenso y el privilegio de llegar tarde.

- Despide a todos los demás empleados y sustitúyelos por otros que sean tan creativos como Trina.

- Renueva la cultura empresarial organizando seminarios para todos los empleados sobre los beneficios de la innovación y cómo ser más creativos. Luego, dales la oportunidad de serlo.

> La función del experto no consiste en tener más razón que los demás, sino en equivocarse por razones más sofisticadas.
>
> *Doctor David Butler*

- Despide a Trina y vuelve a contratarla por obra o servicio, para que no tenga que estar sometida a las regulaciones laborales estándar. En la actualidad, algunas de las grandes compañías norteamericanas están animando financiera y moralmente a sus mejores empleados para que abandonen la organización y creen su propio negocio. La recompensa es una relación de colaboración de la que se beneficia tanto la empresa matriz como la subsidiaria.

- Permite a Trina que trabaje media jornada en casa, pero no hagas extensivo este privilegio a nadie más, a menos que sea tan productivo como ella.

CAPÍTULO
7

¡No pares hasta lograrlo!

¿Hasta lograr qué?

Si tuvieras que caminar por las paredes de esta figura en el sentido de las agujas de un reloj, tendrías la sensación de estar subiendo, de ascender constantemente, de estar destinado a tocar las nubes con la punta de los dedos..., hasta que al final te darías cuenta de que siempre regresas al mismo nivel de partida. Por mucho que te esfuerces en subir los escalones, los niveles superiores son meras ilusiones ópticas.

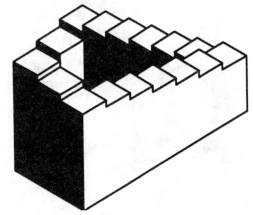

Pues bien, toda actividad sin objetivos bien definidos también es una mera ilusión. Mucha gente confunde sus actividades sin planificar con una dirección en la vida. Se empeñan en acumular una cantidad extraordinaria de energía en estos objetivos sin objetivo y no llegan a ninguna parte. La actividad es necesaria para alcanzar las grandes alturas, pero sólo da resultado si va acompañada de metas predeterminadas. Para llegar a destinos que merezcan la pena, primero hay que definirlos. El viaje sólo tendrá una dirección una vez establecido el destino al que se desea llegar.

El factor más importante de la definición de objetivos consiste en saber adónde queremos ir o qué queremos conseguir. Lo único que nos puede impedir alcanzar nuestros propósitos en la vida es el desconocimiento de lo que realmente deseamos. Nuestros padres quieren que deseemos ciertas cosas. Nuestros amigos quieren que deseemos ciertas cosas. La sociedad quiere que deseemos ciertas cosas. Los anunciantes quieren que deseemos ciertas cosas. Pero en realidad, estos deseos son nuestros «no-deseos»; la pregunta es qué deseamos realmente en esta vida.

¿Por qué hay tanta gente que no tiene ni idea de lo que desea? Tal vez porque no se han esforzado lo suficiente en descubrirlo. ¿Adónde queremos viajar? Esto es algo que sólo se puede llegar a saber conociéndose a sí mismo, pero conociéndose en profundidad. Sólo entrando en contacto con nuestra verdadera esencia sabremos lo que queremos y cuál debe ser nuestro destino, sin necesidad de que nadie nos diga lo que es o no es importante para nosotros.

Lo creas o no, ¡definir objetivos es creativo!

¿La definición de objetivos es una actividad estructurada? ¿No es cierto que la creatividad requiere una actividad desestructurada? La respuesta a estas dos preguntas es afirmativa. Recuerda que el éxito creativo es el resultado de la combinación del pensamiento débil y el pensamiento fuerte. Ambos tipos de pensamiento se traducen en actividades mentales desestructuradas y estructuradas, respectivamente. Al definir objetivos, añadimos estructura a nuestra misión.

¿De veras crees que el autodescubrimiento te permitirá alcanzar un objetivo más importante que el de seguir almorzando dentro de cinco años?

La planificación es importante para la innovación. Pero ¿no es cierto que la mayoría de los planes fracasan? Sí, lo es. Alguien dijo en una ocasión: «Todos los planes fracasan, pero la planificación es inapreciable». La inmensa mayoría de los planes no funcionan tal y como se había previsto, lo cual significa que muchos objetivos no se cumplen de la forma en que se definieron ni en el marco temporal preestablecido. Aun así, la definición de objetivos es una actividad extremadamente valiosa.

Las metas constituyen un motivo para luchar por algo que, de lo contrario, pasaría completamente inadvertido. Proporcionan una finalidad, y cuando se dispone de una finalidad y de una dirección, se tienen motivos para ser innovador y creativo. Carecería de sentido generar múltiples soluciones sin una finalidad. El individuo tiende a ser mucho más creativo cuando tiene un objetivo que alcanzar.

Muchas personas y organizaciones desarrollan una extraordinaria creatividad cuando se presenta un problema o un «desastre» de gran envergadura. Cuando Apple Computer, Inc., consiguió un éxito arrollador con su ordenador personal, IBM no tuvo más remedio que inventar otro para poder captar un segmento de aquel lucrativo mercado. El objetivo era muy claro: fabricar un nuevo ordenador personal en un mínimo plazo de tiempo. IBM encargó la tarea a un equipo de directivos y diseñadores para que trabajaran totalmente alejados de la burocracia central de la compañía, lo que les permitió desarrollar su actividad en un entorno que propiciaba la innovación. Para motivar la creatividad del equipo hacía falta un objetivo bien definido. El resultado fue un ordenador personal que obtuvo un éxito sensacional.

¿Por qué la mayoría de la gente no persigue sus objetivos?

Los investigadores dicen que sólo el 10% de la población norteamericana tiene objetivos bien definidos, una cifra que puede parecer increíblemente baja habida cuenta de que se trata de países célebres por contar con individuos capaces de desarrollar al máximo su potencial. Con todo, un 10% de millones y millones de personas equivale a un gran número de «perseguidores de objetivos». Esta minoría de realizadores empedernidos tienen una dirección y se las ingenian para que las cosas sucedan, es decir, definen importantes objetivos y suelen alcanzarlos casi todos.

Y ¿qué ocurre con el resto de población? ¿Qué impide a la mayoría invertir el tiempo en definir objetivos y trabajar para hacerlos realidad? Veamos algunas de las razones por las que la mayoría de la gente carece de objetivos:

> Dame un oficinista del montón con un objetivo y te daré un hombre que hará historia. Dame un hombre sin objetivos y te daré un oficinista del montón.
>
> *J. C. Penny*

- No está convencida del poder de la definición de objetivos.
- No sabe lo que quiere en la vida.
- No sabe cómo se definen los objetivos.
- Teme fracasar en la búsqueda de sus objetivos.
- Su bajo nivel de autoestima hace que no se crea merecedora de la consecución de sus objetivos.

Hay otra razón. La definición de objetivos requiere esfuerzo y disciplina. Una vez establecida una meta, hay que trabajar con ahínco para alcanzarla, para controlarla y para definir nuevas metas. El esfuerzo y la disciplina disuaden a mucha gente de la necesidad de definir objetivos y de empeñarse en su consecución.

Nuestro periódico local, el *Edmonton Sun*, incluye una sección en cuya cabecera aparece una chica ligera de ropa llamada «La chica rutilante del día». En el pie de foto de Shona, una reciente «chica rutilante», se lee: «La ambición de Shona, monitora de gimnasia, consiste en llegar lo más lejos posible en la vida —y con una complexión física como la suya estamos seguros de que lo conseguirá». Personalmente, creo que si Shona no define mucho mejor sus objetivos, no llegará muy lejos, independientemente de a que muchos lectores varones (entre los que me incluyo) les encante su «complexión física».

Ejercicio 7-1. Objetivos típicos que no funcionan

¿Cuáles de los siguientes objetivos habituales están bien definidos?

Principio de la creatividad:

Define tus objetivos

a) Tener más dinero.

b) Dejar de fumar.

c) Escribir un libro.

d) Ser especialista.

e) Leer más libros al año.

Al igual que el objetivo en la vida de Shona, todas las metas anteriores se pueden mejorar. Los objetivos bien definidos deberían reunir los siguientes principios:

- Expresarse por escrito.

- Estar definidos con claridad y ser específicos.

- Ser realistas, realizables y medibles.

- Tener una fecha de consecución y una limitación de coste.

Por último, los objetivos necesitan un plan de acción para poder aplicarlos que nos indique lo que vamos a hacer para llegar al destino previsto. El plan de acción define el tipo de actividad que hay que desarrollar para alcanzar una meta.

El objetivo esencial no es un objetivo

Muchos proverbios antiguos destacan la importancia de implicarse a fondo en el proceso de consecución de los objetivos. El proceso es más importante que el logro de los objetivos propiamente dichos. La gente creativa obtiene más satisfacción de sus esfuerzos que de la consecución de sus metas. El júbilo de haber alcanzado un objetivo, por muy significativo que sea, suele ser breve. Mucha gente cuyo objetivo principal es hacerse rico, se lleva una gran sorpresa cuando por fin lo consigue. Un grupo de neoyorquinos ganadores de la lotería experimentaron todo lo contrario de lo que la mayoría de la gente espera de un hecho tan extraordinario como éste, y formaron el Círculo Millonario para combatir lo que denominaron el «síndrome depresivo poslotería».

Los millonarios autodidactas dicen que los objetivos como destinos no son tan importantes como el proceso en sí mismo. Una buena parte de empresarios de éxito aseguran que lo más divertido fue llegar hasta ahí. Algunos hombres y mujeres de negocios alcanzan su objetivo de independencia financiera y deciden tomarse las cosas con calma, aunque en general, a los dos o tres meses están más aburridos que una ostra. Para remediarlo, definen nuevos objetivos que perseguir. A la gente emprendedora casi nunca se les agotan las metas; su necesidad de finalidades es constante.

Los jubilados aportan nuevas evidencias de que el objetivo en sí mismo no lo es todo. Muchas personas que por fin logran alcanzar su objetivo de jubilarse descubren que su vida ha empeorado. A decir verdad, algunos jubilados no viven mucho tiempo después de haber dejado de trabajar. La súbita ausencia de objetivos les causa desencanto, desilusión, desazón. Esta ausencia de objetivos no es sino el resultado de no tener más metas que perseguir. Por el contrario, los individuos satisfactoriamente jubilados no se «jubilan» en el sentido estricto de la palabra. Para ellos, la jubilación es otro proceso rebosante de desafíos.

Robert Louis Stevenson dijo: «Viajar con esperanzas es mucho más atractivo que llegar». La gente creativa lo sabe. Cuando el proceso se convierte en la meta fundamental, la vida cambia, la creatividad fluye mejor, el fracaso se considera un éxito, perder significa ganar y el viaje se torna en destino.

> Siempre quise ser alguien, pero hubiese tenido que ser más concreta.
>
> *Lily Tomlin*

> Todo el camino hacia el cielo es cielo.
>
> *Santa Catalina de Siena*

> ¿De qué sirve correr cuando estás en el camino equivocado?
>
> *W. G. Benham*

Buscar lo que realmente cuenta en el éxito profesional

Sigmund Freud dijo que el trabajo y el amor son los dos factores determinantes para vivir feliz como individuo. De ser así, ¿por qué tanta gente es infeliz en el trabajo y en el amor aunque hayan realizado buenas uniones? El problema estriba en no haber alcanzado el éxito profesional.

Ejercicio 7-2. ¿Qué factores son esenciales para el éxito profesional?

- Inteligencia superior.

- Conocimientos especializados.

- Trabajar en sectores tales como el derecho, la medicina o la arquitectura.

- Suerte.

- Conocer a la gente apropiada.

- Alto nivel de educación formal.

- Trabajar con ahínco.

Aunque te sorprenda, ninguno de los elementos anteriores es primordial para el éxito profesional. Millones de personas de elevada formación académica, extraordinarios conocimientos especializados y soberbia inteligencia han fracasado en su intento de triunfar en su carrera profesional. Al mismo tiempo, Norteamérica está llena de gente trabajadora que dedica entre diez y catorce horas diarias a sus tareas laborales y que aun así no han conseguido el éxito profesional. Un contable que gane un elevado sueldo en un empleo sin futuro se siente fracasado, al igual que un abogado que gane el cuádruple que él si no le gusta su profesión.

> La mayoría de la gente hace trabajos absurdos, y al jubilarse, esta verdad se les cae encima.
>
> *Brendan Francis*

Por éxito profesional entiendo la satisfacción y la alegría derivadas del trabajo que cada cual ha elegido. Los estudios indican que a más del 80% de las personas no les gusta lo que hacen para ganar el sustento, y que más del 25% de la gente tiene la sensación de dedicarse a un empleo «estúpido» para el que está sobrecualificada. Y por si no estuvieras de acuerdo conmigo y definieras hacerse rico como un éxito profesional, te recordaré que millones de individuos de elevada formación académica, extraordinarios conocimientos especializados y soberbia inteligencia se han derrumbado por completo al jubilarse.

En mi opinión, el éxito profesional sólo se puede lograr desarrollando una actividad laboral tan apasionante que cualquiera estaría dispuesto a realizarla gratis, con el único propósito de experimentar la satisfacción que produce el mero hecho de desempeñarla. Para conseguir satisfacción laboral hay que sentirse atraído por la tarea que se realiza. Matthew Fox, autor de *Reinvention of Work*, ha dicho lo siguiente:

> El trabajo llena el corazón y debe llenar el corazón de los demás. De existir una pregunta que pudiera formular para que todos despertáramos en el trabajo espiritual sería ésta: «¿Hasta qué punto el trabajo te llena de alegría y en qué medida esa alegría extrae trabajo en los demás?».

Cuando el trabajo apasiona, no hay diferencia entre trabajo y ocio. Según el antiguo concepto de trabajo, no hay que «trabajar» otro día más en la vida. Sin embargo, no puedo decidir por ti cuál es tu pasión; sólo tú puedes hacerlo.

La razón por la que tantas personas nacidas a partir de la Segunda Guerra Mundial sufren crisis en la madurez reside en que nunca han buscado un empleo o una profesión que les apasionara. Durante la década de 1980, la mayoría de ellas se empeñaron en conseguir trabajos que les reportaran los máximos ingresos posibles para poder llevar un estilo de vida *yuppie* caracterizado por un exceso de materialismo. Es posible que hayan alcanzado el éxito profesional tal y como definieron el término, llegando a la cima de la jerarquía empresarial y adquiriendo posesiones materiales a manos llenas. No obstante, es posible que su matrimonio sea un desastre, sus hijos sean auténticas calamidades y ellos mismos estén sufriendo las consecuencias del estrés y la insatisfacción.

Lo esencial para su éxito profesional es trabajar en algo que les guste; deben tener la oportunidad de servir a otros de un modo positivo. Una vida rica y plena nunca estará al alcance de un trabajador insatisfecho que cambia de empleo cada dos por tres, a menos que encuentre una ocupación que coincida o que respalde su misión personal. A la hora de elegir un empleo, el estilo de vida o la calidad de vida debería ser mucho más importante que los factores económicos, al igual que el equilibrio entre la vida laboral y la vida privada es mucho más importante que amasar una gran cantidad de dinero y posesiones materiales.

El principal obstáculo para la consecución del éxito profesional es la falta de autoestima. La mayoría de la gente vive en cautividad programando lo que el éxito significa para sus padres o para la sociedad. Muchas personas infelices en su profesión trabajan en empleos inadecuados porque intentan hacer realidad el sueño de otros en lugar del suyo propio. En el peor de los casos, innumerables empleados se sienten tan miserables que padecen un síndrome permanente de estrés asociado al trabajo.

> Cuanto más largo es el título, menos importante es el empleo.
>
> *George McGovern*

Si tienes un empleo mediocre, la respuesta no es más dinero. La idea de que «si ganara más dinero en mi trabajo, me sentiría más satisfecho de lo que hago» es un mito. A menudo, la verdad reside precisamente en el concepto opuesto, es decir, si te sintieras más satisfecho de lo que haces, ganarías más dinero. Si tu trabajo guarda una escasa relación con tus valores e intereses reales, te sentirás insatisfecho independientemente de la contraprestación económica que percibas a cambio de su desempeño.

Deberías intentar encontrar un empleo que enriqueciera tu cuerpo y tu mente. Si quieres que el trabajo te recompense con elogios, ascensos y crecimiento personal, y que además te permita tener un cierto grado de control y flexibilidad, los empleos creativos deberían constituir tu objetivo fundamental. Haz lo que quieras o lo que eres. Sí, lo has oído bien. Si eres un artista en potencia o un buen líder, procura que estas cualidades formen parte integrante del perfil profesional de tu puesto de trabajo. Pero ante todo, sé realista; toca de pies en el suelo. Se trata de ser creativo y de aprovechar al máximo tu talento.

Al elegir una profesión relacionada con tu finalidad o misión, tienes que ser consciente de tus aspiraciones. Escucha a tu voz interior y haz caso omiso de lo que los demás te digan que hagas o que eres. Si te apasiona tu trabajo, te sentirás muy motivado para conseguir grandes cosas, y tus oportunidades de éxito económico aumentarán exponencialmente.

> Sé como eres, no lo que no eres, porque si no eres lo que eres, eres lo que no eres.
>
> *Luther D. Price*

Los centros de trabajo pueden ser emocionantes, desafiantes, activos, estimulantes e innovadores, pero también pueden ser monótonos, rutinarios, frustrantes, desalentadores y aburridos. Debes seleccionar detenidamente a tu empresario, asegurándote de que tu nueva tarea será agradable, satisfactoria y te dejará espacio para evolucionar y aprender. Es esencial que te valoren por tus nuevas ideas, tu energía positiva y tu capacidad para ser productivo.

Si te sientes insatisfecho con el trabajo que estás realizando, esto puede ser una bendición camuflada. Ha llegado el momento de transformar una situación negativa en otra positiva, desafiando, si llega el caso, tu propia necesidad de seguridad y temor a asumir riesgos. Buscar un empleo indefinido puede parecer la salida más segura, aunque también es posible que te estés vendiendo a un precio demasiado bajo. Quizá sea ésta la oportunidad de buscar algo creativo y que te haga sentir realizado. ¡Pues claro que hay que tomar en consideración el miedo a lo desconocido!, pero si te encadenas a otro empleo indefinido corres el riesgo de volver a sentirte insatisfecho dentro de seis meses o un año. Te sentirás mucho más seguro de ti mismo haciendo un trabajo acorde con tu misión personal. Si creas tu propia empresa, nunca tendrás que volver a trabajar para nadie más.

Como escritor y conferenciante profesional te puedo asegurar que las ventajas de no trabajar para un tercero son casi infinitas. Después de haber pagado el precio de buscar y descubrir lo que deseaba hacer, ahora dedico mi tiempo a lo que realmente me entusiasma. ¡Qué maravillosa forma de ganarse la vida! ¿Por qué trabajar para cualquiera de los millones de empresarios cuando puedo hacerlo para mi empresario favorito —yo? Como ya dije antes, sólo trabajo cuatro horas diarias y me permito el lujo de hacer vacaciones los meses cuyo nombre no contiene la letra «r». Al trabajar menos, no puedo ganar tanto dinero comparado con el que podría ganar si trabajara doce horas al día. Sin embargo, todo es relativo. A los empleados que trabajan en el lavacoches de la ciudad, mis ingresos les parecen asombrosos.

> Escribe sin cobrar hasta que alguien te ofrezca una retribución. Si nadie lo hace en tres años, entonces no cabe la menor duda: es un signo de que lo que deberías hacer es aserrar madera.
>
> *Mark Twain*

Romper la rutina del empleo convencional y optar por el trabajo autónomo, o contratado por obra o servicio, te da más oportunidades de obtener satisfacción de tu actividad profesional. No tener a nadie que te diga lo que debes hacer es una ventaja innegable. Eres tú quien controla el lugar de trabajo y además dispones de la máxima flexibilidad posible respecto a cuándo y cómo quieres realizarlo.

La clave para disfrutar de una profesión satisfactoria consiste en aplicar tus cualidades especiales a algo que te fascine. En su libro *Winning Through Enlightenment*, Ron Smotherman escribió: «La satisfacción está reservada para un grupo muy selecto de individuos: los que tienen unas ansias incontenibles de sentirse satisfechos. Y no abundan». ¿Quieres pertenecer al grupo selecto de personas que se sienten satisfechas en su trabajo? Si la respuesta es afirmativa, deberás formularte las preguntas siguientes: ¿En qué destacas? ¿Cuáles son tus cualidades? ¿Conoces tus puntos fuertes y tus puntos débiles? ¿Cuáles te gustaría utilizar y mejorar en una profesión? ¿Alguna vez has hecho algún trabajo sin retribución, simplemente por el placer que te produce? Formúlatelas cada día durante todo un año si es necesario. Las respuestas te conducirán al empleo que te apasiona.

A continuación he transcrito una carta que me envió Linda W., una mujer de Toronto que decidió dejar su trabajo indefinido en el gobierno, en Ontario, y mudarse al interior de Columbia británica después de haber leído *The Joy of Not Working*.

Ernie, Ernie, Ernie:

Acabo de leer *The Joy of Not Working* ¡y me ha encantado! Me has dado el ligero impulso que necesitaba para apostar por un nuevo futuro y trasladarme a Columbia británica.

Soy escritora a tiempo parcial y conferenciante, y he decidido encaminar mis pasos hacia las montañas de Columbia británica (a pesar de la recesión/depresión), mandar al diablo mi empleo de funcionaria en una oficina del gobierno y decir adiós a la urbe de hormigón. ¡Allá voy!

Me has dado ese no sé qué que me ha hablado directamente al corazón y me ha dicho: «¡A la carga muchacha! No estás loca. Encontrarás la paz interior».

Saludos cordiales.

Linda W.

Como observarás, Linda no utilizó ninguna de las siguientes excusas: «Hay recesión», «No puedo dejar un trabajo seguro en el gobierno» o «No tengo formación para empezar en un nuevo sector». Se limitó a escuchar a su voz interior, que le dijo que había llegado la hora de ponerse en marcha. Tengo la seguridad de que sintió algo de miedo, pero también sé que lo superaría enfrentándose a él cara a cara. Era consciente de que debía asumir riesgos si quería experimentar una aventura y vivir la vida en plenitud.

> Vive tus creencias y podrás darle la vuelta al mundo.
>
> *Henry David Thoreau*

En algún momento a lo largo del camino tal vez hayas tenido la sensación de saber lo que realmente te encantaría hacer, pero elegiste un trabajo o una profesión considerablemente distinta de lo que podría haber sido tu pasión. Con los años, es probable que hayas reprimido aquel sueño de un trabajo con una finalidad más elevada porque creías que era una fantasía inalcanzable. Ha llegado la hora de explorar tus sueños y fantasías para descubrir las claves de la profesión a la que deberías dedicarte.

Cuando haces lo que deseas hacer —las cosas que te gustan—, la vida resulta mucho más fácil. Existen cuatro razones que lo justifican: primera, la vida te da satisfacciones; segunda, te conviertes en un genio en tu oficio; tercera, el dinero fluye con facilidad; y cuarta, te sientes bien con la forma de ganarlo.

La vida sin una finalidad es una vida sin dirección

En su libro *The Master Game*, D. S. DeRopp escribió: «Por encima de todo debes buscar un juego al que merezca la pena jugar. Éste es el oráculo del hombre moderno. Cuando lo encuentres, juégalo con intensidad, como si tu vida y tu cordura dependieran de ello. (Dependen de ello.)».

Contribuir al mundo de un modo significativo ayuda a que cada cual se respete más a sí mismo y también a los demás. Es muy normal sentir nostalgia del sentido y la finalidad en la vida. El sentimiento de utilidad es esencial para sentirse satisfecho, sobre todo a medida que uno va echando años encima. Procura tener muy claro lo que eres y lo que esperas de la vida. Deberías tener un motivo para levantarte por la mañana. Cuando hayas conseguido un verdadero propósito o misión personal, experimentarás la sensación de poder influir decisivamente en la vida de quienes te rodean.

> El mundo está lleno de gente ansiosa. Algunos están ansiosos por trabajar, y el resto por dejar que lo hagan.
>
> *Robert Frost*

Todo el mundo necesita una finalidad en su vida, y si realmente quieres tener la sensación de influir en el mundo, deberás descubrir o crear tu propia finalidad, y la única forma de hacerlo es hurgando en tu creatividad.

No haber descubierto tu misión personal en la vida a los treinta o cuarenta años no significa que ya no vayas a encontrarla. Muchas personas no se han dado cuenta de lo que querían ser hasta la mediana edad o incluso más tarde. Independientemente de cuál sea tu edad, nunca es demasiado tarde para reinventarte a ti mismo, desenterrar tu misión y perseguirla con la máxima energía. Si necesitas formación para poder ejercer la profesión que coincide con tu misión, consíguela. Una de las excusas más habituales suele ser: «Pero tengo cuarenta y nueve años, y cuando termine tendré cincuenta y tres». Tanto si estudias como si no, dentro de cuatro años los cincuenta y tres no te los va a quitar nadie. En cualquier caso, si no haces lo que tienes que hacer, llegarás a los cincuenta y tres y te seguirás sintiendo tan insatisfecho como ahora, o quizá más. Si estás preparado, tu misión personal aflorará espontáneamente. Veamos tres ejemplos de personas implicadas en una misión personal a una edad más tardía:

- Antes de fallecer en 1997, a los ochenta y cuatro años de edad, Red Skelton mostró mucho más entusiasmo por la vida que la mayoría de los jóvenes a los veinte o treinta. ¿Por qué? Tenía una misión personal: entretener a la gente y hacerles felices. Sólo dormía tres horas —se acostaba a las 2.50 de la madrugada y se levantaba a las 5.30 de la mañana, y dedicaba el tiempo a escribir historias, a componer música y a pintar. Al cumplir los ochenta, seguía haciendo una media de setenta y cinco actuaciones al año.

- A los noventa y siete años, Martin Miller, de Indiana, trabajaba a jornada completa defendiendo los derechos de los ancianos.

- Mary Baker Eddy tenía ochenta y siete años cuando descubrió su misión personal: publicar un nuevo periódico de influencia religiosa, el *Christian Science Monitor*.

No hay que dejar de perseguir objetivos simplemente por placer o para competir con otros. La clave consiste en definir una finalidad apasionante. Si logras establecer una misión personal fundamental en tu vida, dispondrás de una extraordinaria fuerza impulsora que hará muy emocionante e interesante tu existencia y te garantizará un crecimiento y un aprendizaje ininterrumpidos.

Descubrir el propósito de la vida es la piedra angular del uso de la creatividad personal. El principal desafío consiste en mirar hacia el interior, identificar la finalidad y vivir para ella. Una vida sin misión es una vida vacía. La tuya, al igual que la de cualquier ser humano, debería estar relacionada con tu esencia y tus sueños. Cuando se tiene un propósito que cumplir, cada tarea, cada acto y cada situación merecen una atención absoluta. Descubrir tu misión personal te proporcionará una dirección exclusivamente tuya en la vida.

> No dejes que lo que no puedes hacer interfiera en lo que puedes hacer.
>
> *John Wooden*

Si ya hace tiempo que definiste tus metas, es posible que hayan cambiado con el tiempo, al igual que las de Linda W., que escribió la carta anterior. Ahora puede ser un buen momento para revisarlas y decidir lo que quieres hacer con tu vida.

Encontrar, aceptar y desarrollar lo que puedes ser como individuo constituye un reto que sólo tú debes afrontar. Encárate con la realidad y reconoce que en la vida absolutamente todo lo que merece la pena conseguirse —aventura, relajación mental, amor, plenitud espiritual, satisfacción y felicidad— tiene un precio. Cualquier cosa que mejore tu existencia requerirá acción y esfuerzo. Si crees lo contrario, tu frustración no tendrá límites.

Recuerda que es más satisfactorio escalar montañas que deslizarse desde la cima rodando por la ladera. Carece de sentido sentarse y esperar que otro encienda la hoguera para poder entrar en calor. Hazlo tú y enseguida te calentarás. Sólo así descubrirás que merece la pena vivir esta vida (y las siguientes si es que crees en la reencarnación).

En el país de los ciegos, el tuerto es el rey

Basta mirar para observar muchas cosas

Siempre es interesante oír lo que ven los participantes de mis seminarios y cursos en la figura anterior. Hay quienes no ven nada en absoluto. ¿Qué ves tú?

Hay un consultor de restaurantes en Canadá occidental que se gana muy bien la vida evitando que tengan que declarar la quiebra. ¿Qué es lo que hace y que los propietarios de los locales son incapaces de hacer? No mucho, exceptuando que es un lince observando lo evidente. Detecta toda clase de insuficiencias, tales como demasiados entrantes en el menú. También puede identificar el personal y el equipo asociados a actividades improductivas.

Se efectúan cambios que podría recomendar casi cualquier persona salvo quienes están directamente relacionados con el restaurante. Muchos negocios consiguen salir a la superficie porque el consultor señala los problemas evidentes a los propietarios. Sin él no verían lo evidente, y los restaurantes acabarían en la ruina.

Muchas veces, las mejores soluciones están justo delante de nuestros ojos y no las vemos. Lo evidente se nos escapa. El yogui Berra dijo en una ocasión: «Basta mirar para observar muchas cosas».

> La mejor forma de hacer realidad tus sueños es despertar.
>
> *Paul Valéry*

Uno de los personajes de la obra de Joseph Heller *Catch 22* tenía moscas en los ojos y no podía verlas. ¿La razón? Las moscas que tenía en los ojos le impedían ver nada, incluyendo las propias moscas. A menudo somos como este personaje.

Curiosamente, en la ilustración de la página anterior hay una bicicleta. Aun sabiéndolo, intenta descubrirla y es muy probable que tampoco lo consigas. Muchas cosas son así. No vemos lo evidente. Tenemos que esperar a que nos indiquen dónde está para hacerlo.

El ejercicio 8-1 tiene una respuesta evidente, aunque es fácil que pase inadvertida. Intenta hacerlo en treinta segundos.

Ejercicio 8-1. El más lento, gana

Un millonario bastante excéntrico quiere legar su imperio financiero y su fortuna personal a uno de sus dos hijos, y decide que hagan una carrera de caballos. El caballo que llegue último —el más lento— se convertirá en el propietario de todo. Los dos hijos temen que el otro haga trampas haciendo que su caballo corra menos de lo que es capaz de correr, y ambos acuden a un sabio y anciano filósofo en busca de consejo. El filósofo, sin pensarlo demasiado, les dice en tres palabras lo que hay que hacer para asegurarse de que la carrera sea limpia. ¿Cuáles son estas tres palabras?

Si fueras uno de los dos hijos, ¿se te ocurriría algo más para conseguir el legado familiar?

(Véase Notas del capítulo, p. 106. para las soluciones.)

¿Por qué no se me ocurrió a mí?

A continuación encontrarás varios ejemplos de individuos creativos que se han beneficiado de su capacidad de ver soluciones que han hecho exclamar a otros: «¿Por qué no se me ocurrió a mí?».

- ¿Qué te parecería publicar un periódico en el que fueran los suscriptores quienes te enviaran el material? Amy Dacyczyn abandonó su profesión de diseñadora gráfica para ser madre. En siete años, sin ganar más dinero, sino ahorrándolo, Amy y su esposo, cuyos ingresos no eran muy elevados, consiguieron ahorrar para una casa, hacer compras de envergadura y estar libres de deudas. Y lo consiguieron a pesar de tener cuatro hijos que criar. Los amigos de Amy la llamaban Fanática de la Frugalidad. Con el tiempo acabó enojándose con la gente aparentemente inteligente que salía en las tertulias televisivas defendiendo mitos tales como «Hoy en día, una familia necesita dos ingresos para satisfacer sus necesidades» y «Hoy en día, las familias no pueden acceder al mercado inmobiliario». En junio de 1990, fundó *The Tightwad Gazette*, un periódico que fomenta el ahorro como un estilo de vida alternativo y viable. En dos años, las suscripciones ascendieron a más de cien mil. Dado que Amy no considera que su conocimiento acerca del ahorro sea ni mucho menos absoluto, solicita la participación de los lectores, lo que le proporciona una fuente de material fresco y nuevas ideas para mantener el interés de la publicación.

Principio de la creatividad:

Busca lo evidente

- David Chilton comercializa información —él lo define como «nada nuevo de una forma nueva»—. A finales de la década de 1980, Chilton, agente de bolsa y planificador financiero, tuvo que hacer frente a un problema. Dio a sus clientes varios libros sobre planificación e inversión financieras, pero para su decepción, descubrió que la mayoría de ellos no los leían, ya que les bombardeaban con una lista interminable de aburridas estadísticas, gráficas y tablas. Fue entonces cuando decidió escribir sobre los principios básicos de las finanzas e inversiones personales con un estilo completamente nuevo. Eligió un tema complejo y lo presentó de manera que los lectores pudieran comprenderlo sin dificultades (*The Wealthy Barber*). Las editoriales comerciales rechazaron la idea de un libro de finanzas que se leía como una novela de ficción, y el propio Chilton se encargó de publicarlo. Tras haber demostrado que el libro era un éxito, un editor comercial se hizo cargo de él. En la actualidad, *The Wealthy Barber* lleva vendidos un mi-

> Emprender el análisis de lo evidente requiere una mente muy inusual.
>
> *Alfred North Whitehead*

llón de ejemplares y sigue manteniendo un elevadísimo nivel de ventas. El libro de Chilton, que utiliza un enfoque poco convencional de un tema convencional, ha hecho exclamar a otros muchos planificadores financieros: «¿Por qué no se me ocurrió a mí?».

- Robert Plath, ex piloto de Northwest Orient, tenía que transportar más de veinte kilos de manuales en cada vuelo, pero era bastante perezoso y decidió atornillar un carrito a su bolsa de equipaje. Sus colegas se burlaban de él y le tildaban de debilucho, pero curiosamente, ser debilucho —un debilucho con capacidad de observación— tuvo su recompensa. Plath inventó la maleta Travelpro Rollaboard con ruedas y asa retráctil. Aunque en el mercado ya había combinaciones de bolsas y carros, no le satisfacían lo suficiente. De manera que diseñó su propio prototipo y lo hizo fabricar en grandes cantidades en Asia. Al principio, la respuesta fue más bien fría y algunos minoristas incluso se mofaban de semejante artilugio. Plath empezó vendiendo el producto por correo a sus ex compañeros de las líneas aéreas, hasta que llegó el día en que los canales de distribución de venta al detalle solicitaron su producto, que fue introducido en 1989 y ha generado ventas por un importe de 5.700 millones de pesetas. Hoy en día, los observadores de la industria del equipaje consideran la Rollaboard de Plath el mayor invento de los últimos veinte años.

- A principios del siglo XIX, los fabricantes de bicicletas fueron incapaces de descubrir la solución evidente durante muchos años. Los primeros diseños consistían en dos ruedas del mismo tamaño, pero con el tiempo, las dimensiones de la rueda delantera fueron aumentando poco a poco —inicialmente, los pedales estaban conectados directamente a la rueda delantera, y para que las bicicletas fuesen más veloces, el diámetro de la rueda delantera tenía que ser mayor—. Ni qué decir tiene que eran voluminosas y engorrosas. Los fabricantes tenían la solución a este problema ante sus propios ojos, pero no lo veían, hasta que un día alguien reparó en algo que se utilizaba en la construcción de bicicletas y que... ¡también se podía usar en la bicicleta! «¿Por qué no lo utilizo para propulsar la rueda trasera?», se preguntó. Fue sólo cuestión de tiempo antes de que las bicicletas recuperaran, esta vez para siempre, las dos ruedas del mismo tamaño.

> El sentido común es el menos común de los sentidos.
> *Proverbio latino*

- Howard Schultz convirtió un producto cotidiano en el último grito de la moda. Aunque a partir de 1960 las ventas de café empezaron a declinar por motivos sanitarios, Schultz transformó Starbucks, la compañía de café selecto con sede en Seattle, en uno de los negocios de crecimiento más rápido de Norteamérica. En la década de 1980, Schultz visitó Italia durante un viaje destinado a la compra de café, advirtiendo la romántica relación que existía entre los italianos y el café. Fue entonces cuando decidió fundar una cadena nacional de Starbucks imitando el estilo de las cafeterías italianas y adaptar el café al paladar americano, creando diferentes ofertas, tales como el *espresso* solo o diluido. Actualmente, no es infrecuente que los clientes apasionados del café gasten diecinueve mil pesetas mensuales o más en los locales Starbucks de Seattle y Vancouver.

Ejercicios con soluciones evidentes que no son tan evidentes para la mayoría de la gente

(Soluciones a los ejercicios en Notas del capítulo, p. 106.)

> Si tu mente está vacía, siempre estará preparada para algo; abierta a todo. En la mente del aprendiz hay muchas posibilidades; en la del maestro, sólo unas pocas.
>
> *Shunryu Suzuki,* Zen Mind, Beginner's Mind

Ejercicio 8-2. Emparejar calcetines a oscuras

Hace cinco meses un hombre tiró todos sus calcetines viejos y compró diez pares de calcetines negros idénticos y cuatro pares de calcetines marrones también idénticos. Desde entonces ha perdido tres calcetines negros y uno marrón. Imagina que se produce un corte en el suministro eléctrico por la noche, cuando está a punto de salir de casa. Está totalmente vestido, exceptuando los calcetines y los zapatos.

Incapaz de ver nada en la oscuridad del dormitorio, ¿qué número mínimo de calcetines tendrá que sacar del cajón del armario para asegurarse de que ha cogido un par de calcetines idénticos?

Ejercicio 8-3. La evidencia está en el teclado

Q W E R T Y U I O P

Como ya sabrás, esta secuencia de caracteres alfabéticos corresponde a la hilera superior del teclado de un ordenador o de una máquina de escribir. El

103

trazado del teclado fue diseñado a principios del siglo XIX para ralentizar la pulsación de las mecanógrafas que trababan las varillas mecánicas portatipos al escribir demasiado deprisa. Ahora disponemos de teclados más eficaces, compatibles con las máquinas eléctricas y los ordenadores, de accionamiento más rápido. Pero la gente no ha aceptado los nuevos trazados por un simple resistencia al cambio, un obstáculo más a la creatividad y la innovación.

Piensa un poco. ¿Cuál es la palabra más larga que se puede escribir en lengua inglesa utilizando la hilera superior del teclado?

Ejercicio 8-4. En busca de la vía más rápida

Como calidad de presidente de Superior Time Air, has tenido una semana frenética intentando terminar diversos proyectos. Time Air tiene vuelos regulares programados a un 20% de las ciudades de Canadá y Estados Unidos. Uno de los proyectos está relacionado con el Charter Holiday Service (servicio de vuelos charter en vacaciones), que se acaba de introducir para prestar servicio a toda Norteamérica.

Tu compañía de líneas aéreas ha editado quince mil folletos que hay que distribuir en las agencias de viajes de las principales metrópolis norteamericanas.

Estás intentando descubrir la forma más rápida de enviar los folletos. La temporada alta de vacaciones está a punto de empezar y cada minuto cuenta.

Siendo como eres un directivo creativo, ¿cómo piensas distribuir los folletos para que lleguen lo antes posible a su destino?

Ejercicio 8-5. Vestirse para triunfar

Un banquero se dio cuenta de que necesitaba mejorar la imagen de la entidad. Uno de los problemas que requería una atención inmediata era conseguir que sus empleados vistieran mejor. Al banco le preocupaba sobremanera cuál sería la reacción del personal en el caso de que la alta dirección decidiera implantar una normativa sobre la forma de vestir. Pero resolvieron el problema sin apenas oposición. ¿Qué crees que hicieron?

> El sentido común en un grado poco común es lo que se llama sabiduría.
> *Samuel Taylor Coleridge*

Ejercicio 8-6. ¿Por qué no se divierten?

Como nuevo director de parques y jardines de una gran urbe, has observado que los niños no juegan en los espacios lúdicos. Alguien te ha comentado que los encuentran aburridos. ¿Qué puedes hacer para resolverlo?

Ejercicio 8-7. El graffiti-rompecabezas

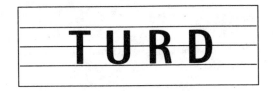

Hace dos años, mientras paseaba en bicicleta por una zona residencial por la que solía pasar a menudo, vi un viejo camión Ford. Los laterales de la cabina estaban elevados y tenía una puerta trasera formada por cuatro tablas, en las que se podía leer el *graffiti* de la ilustración de arriba (en inglés, *turd* significa «cerdo»).

Durante las dos semanas siguientes seguí paseando por aquel lugar y observando el *graffiti* en la puerta trasera del camión. Llegué a la conclusión de que si fuera mío, hubiese echado mano de la creatividad y habría invertido las tablas para que la palabrita de marras quedara del revés o de derecha a izquierda, de manera que la pintada fuese ilegible.

Pero se me pasó por alto una solución evidente, y que fue la que al final aplicó el propietario del vehículo para eliminar el problema del *graffiti*. ¿Sabes cuál es?

Ejercicio 8-8. Leche por doquier

El profesor preguntó a un niño en la escuela que citara siete cosas que tuvieran leche. El niño respondió en diez segundos. ¿Puedes hacerlo tú también en sólo diez segundos?

Ejercicio 8-9. El barco

Un hombre navega en un barco a diez nudos contra el viento, que sopla a cinco nudos. El hombre tiene treinta y ocho años, el barco pesa cuarenta toneladas. ¿De qué nacionalidad es el marinero en cuestión?

Notas del capítulo

Ejercicio 8-1

Las tres palabras son: «cambiad los caballos». Para la segunda parte del ejercicio, podrías herrar a tu caballo para que corriera menos.

Ejercicio 8-2

Para conseguir un par idéntico, sólo tiene que extraer tres calcetines.

Ejercicio 8-3

Recuerda que a menudo lo evidente es lo que cuesta más de ver. ¡Prueba con la palabra *typewriter*!

Ejercicio 8-4

Como presidente deberías regirte por uno de los principios fundamentales de la gestión empresarial: delegar —en el jefe del servicio de correos de la compañía.

Ejercicio 8-5

La nueva normativa de vestir fue recibida con entusiasmo por los empleados, pues la dirección del banco decidió nombrar un comité de personal para que elaborara la política que había que instituir. Tras una detenida investigación, la normativa propuesta fue muy satisfactoria.

Ejercicio 8-6

Deja que los niños participen en el diseño de los parques lúdicos.

Ejercicio 8-7

¿Has pensado en la marca del camión? Si aun así no caes en la cuenta, consulta el Anexo, en la página 210.

Ejercicio 8-8

La respuesta del niño fue: mantequilla, queso, helado y... ¡cuatro vacas!

Ejercicio 8-9

El marinero es chino. ¿Por qué? De acuerdo, la solución quizá no sea evidente, pero por qué es chino sí lo es (véase Anexo, p. 210).

CAPÍTULO
9

Sé ultramoderno;
sé diferente

Ver doble o incluso triple, si es posible

Siendo un joven abogado, un día Abraham Lincoln tuvo que pleitear dos casos similares. Curiosamente, de ambos se ocupaba el mismo juez y en ambos se aplicaba el mismo principio jurídico. En el litigio de la mañana, Lincoln representaba al demandado. Hizo un alegato muy elocuente y ganó el caso con suma facilidad. Irónicamente, en el juicio de la tarde representaba al demandante y actuó con la misma energía, aunque desde el punto de vista contrario. El juez, extrañado, preguntó a Lincoln por qué había cambiado su actitud de la mañana, y él respondió: «Su señoría, esta mañana podría haberme equivocado, pero estoy seguro de que esta tarde estoy en lo cierto».

> Darse cuenta de que existen otros puntos de vista constituye el inicio de la sabiduría.
>
> *Charles M. Campbell*

La moraleja de esta anécdota real nos aconseja no aferrarnos a nuestras creencias, pues podríamos llegar a obsesionarnos y acabar pagando muy caro el error. El pensamiento estructurado limita la capacidad de ver las cosas desde otro ángulo. Hay que aprender a pensar con flexibilidad.

La mayoría de la gente tiende a estructurar de tal modo sus pautas intelectivas que eso le impide vislumbrar todas las posibilidades de encontrar soluciones a los problemas de la vida. Esta tendencia tiene un gran impacto en la capacidad creativa.

Pon a prueba tu flexibilidad al pensar con el ejercicio siguiente:

Ejercicio 9-1. ¿Qué ocurre aquí?

Betty, maestra de escuela de cuarenta y dos años, compró a Milisa, su hija, una bicicleta nueva al cumplir seis años. Aquel día, Milisa paseaba en bicicleta por delante de un edificio de oficinas cuando fue atropellada por un automóvil. Los transeúntes avisaron a la policía y a una ambulancia, que llegaron al lugar poco después. La niña no presentaba heridas de gravedad, pero los enfermeros decidieron tumbarla en una camilla y llevarla al hospital para someterla a observación. Pero en el preciso instante en que la estaban introduciendo en la ambulancia, un miembro del plantel de mecanógrafos de veintiocho años salió corriendo del edificio y gritó: «¡Es Milisa! ¿Qué le ha pasado a mi hija?».

¿De quién es hija Milisa, de la maestra de escuela o del miembro del plantel de mecanógrafos?

Para encontrar la solución más lógica al ejercicio 9-1, hay que romper los esquemas mentales y dejar a un lado las pautas de pensamiento estructurado. Analizándolo en retrospectiva, la solución es obvia (véase Notas del capítulo, p. 117), aunque a muchos de nosotros se nos escapa su lógica por culpa de aquellas pautas.

La flexibilidad en el pensamiento requiere un esfuerzo por parte del pensador. Los investigadores han descubierto que la mayoría de la gente en el mundo de los negocios ha desarrollado el hábito del pensamiento flexible o en términos no lineales, lo que conduce a formas innovadoras de comercializar los productos, de financiar los proyectos o de dirigir a los empleados. Estos individuos ven doble o incluso triple, si es posible.

> El individuo que inventó la primera rueda era un idiota. El que inventó las otras tres, fue un genio.
>
> *Sid Caesar*

El pensamiento divergente genera más oportunidades que el pensamiento lineal o vertical. Otro término con el que se conoce el pensamiento divergente, acuñado por Edward de Bono, es pensamiento lateral, un modo de pensar que trasciende lo racional y tradicional.

Intenta resolver el problema del ejercicio 9-2 utilizando el pensamiento lateral.

Ejercicio 9-2. El dilema del asta de la bandera

Eres el director de una hamburguesería McDowers en Estados Unidos. McDowers es la cadena más importante del mundo en su género. Charles Block es el propietario y exige excelencia a sus directores.

Estamos a finales de la década de 1960. Hace cuatro días, una manifestación en la Universidad de Bent State desembocó en graves desórdenes callejeros. Se llamó al ejército para que asistiera a la policía. En la confusión resultante, algunos soldados abrieron fuego y dieron muerte a cuatro estudiantes. La consternación y una ira incontenible reinan en todo el país, sobre todo en las universidades e institutos.

Principio de la creatividad:

Practica el pensamiento divergente

Después de escuchar las noticias en la radio, coges el coche y te vas a la oficina para iniciar la jornada laboral. Trabajas hasta las nueve y luego haces un alto para descansar un poco. Escuchando de nuevo las noticias radiofónicas, te enteras de que se están organizando manifestaciones en todas las grandes ciudades y que los estudiantes piden que las banderas ondeen a media asta en toda América. Piensas en la bandera situada frente a tu McDowers —la bandera americana, claro— y das gracias al cielo de que no pase ninguna manifestación por delante del establecimiento. Charles Block, tu jefe, consideraría antipatriótico hacer ondear a media asta la bandera a causa de un acto que los soldados realizaron en el cumplimiento de su deber. De hecho, el Sr. Block te despediría si llegara a sus oídos que habías cedido ante las exigencias estudiantiles y arriado la bandera a media asta.

A las dos de la tarde, tu ayudante te comunica que se ha congregado un grupo de dos mil estudiantes a unos cuatrocientos metros de distancia y que avanza hacia la hamburguesería para exigir que te muestres respetuoso con los muertos. Quieren que salgas personalmente y que arríes la bandera a media asta. Las cámaras de la televisión y una nutrida representación de periodistas acompañan a la airada multitud estudiantil.

Llegados a este punto, parece evidente que si no lo haces, la turba destrozará una buena parte del edificio. En tal caso, Charles Block no se sentiría muy feliz. Es probable que te despidiera. Por otro lado, también es probable que lo haga si accedes a arriar la bandera, pues en su opinión, sería un acto antipatriótico.

¿Qué vas a hacer?

Ejercicio 9-3. ¿Clips...? ¿Para qué?

Eres el director de una empresa de manufacturación que, por error, fabricó varios millones de cajas de clips para papel, y como es natural, no tienes mercado para este producto. Ahora están ocupando un considerable —y valioso— espacio en el almacén. ¿Qué alternativas tienes para venderlos?

El ejercicio 9-2 se basaba en una situación de la vida real ante la que tuvo que reaccionar un director. Tanto si arriaste la bandera, accediendo a los deseos de la masa estudiantil, o te negaste a hacerlo, sufriendo las consecuencias derivadas de

NO DAR DE
COMER
A LOS
TIBURONES,
POR FAVOR

Este letrero funciona mucho mejor que «Playa privada. No bañarse».

los posibles desperfectos en el establecimiento, tu decisión se fundamentó en un pensamiento vertical. En cambio, en la realidad, el director optó por el pensamiento divergente (véase Notas del capítulo, p. 118), y su respuesta le permitió conservar el empleo. Existen diversas soluciones no lineales a esta situación. ¿Serías capaz de descubrir un mínimo de tres?

El ejercicio 9-3 no se resuelve con un pensamiento exclusivamente lineal o vertical. Las soluciones lineales son las racionales y tradicionales. Vender los clips con la menor pérdida económica posible es una solución lineal. El pensamiento vertical es un método intelectivo simple y directo que implica el análisis lógico y detenido de la solución. El único objetivo de los pensadores verticales consiste en vender los clips a empresas que los utilizan para unir papeles.

Por el contrario, el de un pensador divergente que intente resolver el ejercicio 9-3 consistirá no sólo en reducir al mínimo las pérdidas, sino también en encontrar nuevas aplicaciones para los clips, explorando todas las formas posibles de utilizarlos. El pensador divergente observa las cosas desde nuevas perspectivas y generará innumerables ideas de todo tipo. En mis seminarios hacemos un ejercicio que demuestra que los usos de los clips son prácticamente ilimitados.

Así pues, elimina los pensamientos rígidos y estructurados, y concéntrate en un estado de ser diferente, interesante y atractivo. El ejercicio 9-4, además de los diversos desviadores de la mente, te ofrece la oportunidad de seguir practicando el pensamiento divergente. Asegúrate de buscar ideas que sean fruto no sólo de un enfoque lineal, sino también no lineal.

Ejercicio 9-4. La reina de las piedras preciosas

Érase una vez una reina viuda que era muy egoísta, celosa y fea. Tenía una hermosa hija de la que se había enamorado perdidamente un joven y apuesto príncipe, y la princesa le correspondía en la misma medida. Decidieron casarse, pero necesitaban el permiso de la reina.

Pero a ésta también le gustaba el príncipe y quería desposarlo. Tan rica era que el sendero del jardín de palacio estaba sembrado de diamantes y rubíes. Estaba dispuesta a dar toda su riqueza al príncipe si accedía a sus deseos. No obstante, éste sólo amaba a la princesa.

> El arte de la sabiduría consiste en saber lo que hay que pasar por alto.
>
> *William James*

Una tarde, mientras los tres paseaban por el sendero del jardín, la reina propuso que fuese el azar el que decidiera quién se casaría con el príncipe. Pondría en un joyero un diamante y un rubí. Sin mirar, la princesa cogería una de las piedras preciosas. Si elegía el diamante, la reina se casaría con el príncipe, y si elegía el rubí, sería ella la afortunada.

Recelosos, el príncipe y la princesa accedieron a la propuesta. Pero la muchacha se dio cuenta de que su madre había cogido dos diamantes en lugar de un diamante y un rubí. Luego, dijo a la princesa que eligiera una de las dos piedras del joyero sin mirar.

¿Qué debería hacer la princesa en estas circunstancias? (véase Notas del capítulo, p. 117, para las soluciones).

Los desviadores de la mente hacen descarrilar el cerebro

Los rompecabezas nos obligan a analizar las cosas desde nuevas perspectivas para desafiar el modo en el que solemos pensar en las ideas, números, formas y palabras. Prueba estos desviadores de la mente para practicar el pensamiento divergente. (Las soluciones están en Notas del capítulo, p. 117.)

Desviador de la mente 1. La mitad de 13 no siempre es 6,5

Sé flexible a la hora de pensar e intenta encontrar, por lo menos, siete soluciones a «¿Cuál es la mitad de trece?».

Desviador de la mente 2. ¿Qué ha comprado el primer ministro?

El primer ministro de Canadá está a punto de terminar la remodelación exterior de su residencia en Ottawa, pero todavía necesita algunas cosas para finalizar el trabajo. Así pues, se dirige a la ferretería para comprarlas. Si el primer ministro británico las comprara para su residencia oficial en Londres, una le costaría determinada cantidad, y diez, el doble.

El primer ministro de Canadá compra veinticuatro. El dependiente le cobra lo mismo que el primer ministro británico hubiese pagado por diez. ¿Qué compró el primer ministro canadiense?

Desviador de la mente 3. Lluvia, lluvia, no hace falta salir

Un hombre de treinta y ocho años caminó durante treinta y cinco minutos bajo un intenso aguacero. No llevaba sombrero, no tenía paraguas ni nada con qué cubrirse. Aun así, no se le mojó ni un pelo durante los treinta y cinco minutos de chaparrón. ¿Cómo se las ingenió?

Desviador de la mente 4. La gallina o el huevo

Un granjero que vive en la pradera come cuatro huevos diarios para desayunar. No tiene gallinas desde hace dos años, ni tampoco ha pedido, robado o comprado los huevos. Por lo demás, nunca nadie le da nada. ¿Cómo consigue los huevos?

Desviador de la mente 5. Meses largos y meses cortos

Siete meses del año tienen treinta y un días. ¿Cuántos tienen treinta días?

Desviador de la mente 6. Ser más pequeño haciéndose más grande

¿Puedes pensar en tres palabras que se acorten al añadirle letras?

Desviador de la mente 7. Humedad detrás de las orejas

En unas excavaciones, uno de los antropólogos más jóvenes de la expedición, visiblemente emocionado, avisó a los demás de que había encontrado una moneda de oro con la inscripción 6 a.C. El líder del equipo le echó una ojeada y aseguró que no se había fabricado en el año 6 a.C. Tal había sido la estupidez del joven arqueólogo que fue despedido de inmediato. ¿Por qué?

Desviador de la mente 8. Más joven de lo que parece

Una mujer está celebrando su décimo aniversario el mismo día en que su hija, que tiene veinte, se casa. ¿Cómo es posible?

Desviador de la mente 9. Una de cada cinco

Un hombre quiere unir cinco cadenas, cada una de las cuales tiene cuatro eslabones, y formar una sola cadena cerrada. Abrir un eslabón le cuesta un dólar y cerrarlo un dólar y medio. Al final, fue capaz de formar una sola cadena cerrada por menos de once dólares. ¿Cómo lo hizo?

Jeroglífico de los desviadores de la mente

Ésta es la secuencia completa de ejercicios-jeroglífico que he diseñado para ayudarte a desarrollar la capacidad de pensar con divergencia. ¿Puedes descubrir su significado. Ejemplo: LVS significa Elvis.

Los grandes innovadores, pensadores originales y artistas atraen la ira de los mediocres como los pararrayos a los relámpagos.

Theodor Reik

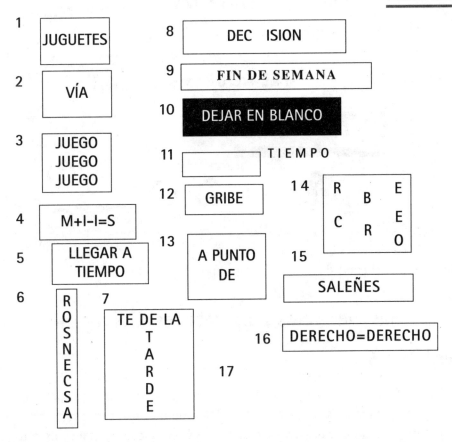

28 VÍAS SIN CARGAS

17 SA LARIO

23 para ser horrado

29 DOB L E

18 VAN/POR MÍ

24 ACIGÓL

19 NEGOCIOS

25 MI CONOCIMIENTO

20 ESPADA MÍ

26 TIEMPO

30 sexo ≠ sexo

27 FAC / CIONES

31 DAVID CARTA_____

21 SUEÑOS

22 BLUSA

32

Véase Notas del capítulo, p. 119, al terminar el ejercicio.

Más ejercicios para mentes divergentes

Ejercicio 9-5

Hace alrededor de tres años, la tira cómica Doonesbury publicó una ilustración a color de la bandera de Estados Unidos con el personaje principal de la tira mirando a la bandera y diciendo: «¡Chicos, esto sí que es un auténtico

rompecabezas! A ver cómo te las arreglas para deshacerte de la sección de humor de hoy sin violar la enmienda constitucional presentada por George Bush sobre la profanación de la bandera. De acuerdo, esta bandera es sólo papel, pero aun así sigue siendo el símbolo de Estados Unidos».

Y añadía: «No la uses para forrar la jaula del canario ni para adiestrar a un cachorro —¡sería una profanación!—. No la tires a la basura ni enciendas el fuego en la chimenea —¡estarías quemando la bandera!—. Buena suerte». Y luego decía: «¿Solución? ¡No hay solución! ¡Tendrás que cargar con esta bandera hasta que se caiga de vieja! Lo siento, muchachos, pero así es la vida».

Personalmente, no estoy de acuerdo con que no haya ninguna solución. ¿Se te ocurre alguna? A mí sí (véase Notas del capítulo, p. 118, mi solución).

Ejercicio 9-6

En 1990 Dick Barr, presidente de Western Mortgage (Realty) Corp., tuvo un problema en el aparcamiento del edificio de oficinas de la compañía en West Broadway, en Vancouver. Prácticamente todas las plazas estaban reservadas, y unos enormes letreros amenazaban con la retirada del vehículo por parte de la grúa. El problema era que la gente hacía caso omiso de las advertencias y continuaba aparcando en las plazas reservadas, y con el tiempo que solía tardar la grúa en llegar, los infractores ya se habían marchado.

Dick Barr usó el pensamiento divergente y encontró una solución muy económica que redujo considerablemente el aparcamiento ilegal.

¿Qué harías en una situación similar? (véase en Notas del capítulo, p. 118, la solución de Barr).

El pensamiento divergente en acción

Los grandes líderes del mundo de los negocios utilizan con regularidad el pensamiento divergente o no lineal en la toma de decisiones. Muchos expertos en gestión empresarial afirman que el uso o la falta de uso del pensamiento divergente diferencia a los directivos de éxito de todos los demás. El pensamiento divergente implica ser ultramoderno, ser diferente.

Todo el mundo tiene la posibilidad de desarrollar la capacidad de ser más innovador y divergente en su forma de pensar. Las recompensas pueden ser insospechadas. Veamos algunos ejemplos:

- El canadiense Ron Foxcroft dedicó tres años a desarrollar un nuevo silbato para árbitros. Por fin consiguió perfeccionarlo, con su característico y penetrante sonido, pero transcurridos algunos meses aún no había vendido un solo silbato en Canadá. Había visitado muchas tiendas de deportes, pero todas habían rechazado el producto al considerarlo lo más estúpido que habían visto en la vida.

   Ante aquel grave problema, Foxcroft recurrió al pensamiento divergente. Un día, durante los Juegos Panamericanos que se celebraban en Indianápolis, se escondió en la residencia de los atletas y esperó hasta la medianoche. Entonces, cuando los cuatrocientos árbitros, jueces y jueces de línea estaban durmiendo, sopló su silbato como nunca lo había hecho antes.

   Se despertaron sobresaltados, pero valió la pena. Al día siguiente, recibió un pedido de veinte mil unidades de su silbato Foxcroft 40. Hoy en día, su silbato lo usan socorristas, conductores de trineos, esquiadores, árbitros y jueces en las ligas más importantes de todas las especialidades deportivas, excepto el hockey.

- En 1996 el Barclay's Bank de Madrid tuvo un problema con las reclamaciones de los clientes en relación con el peligro que suponía utilizar los cajeros automáticos. Por la noche, las cabinas en las que estaban instalados los cajeros se habían convertido en el refugio y lugar de encuentro de indigentes y prostitutas, lo que atemorizaba a los clientes del banco. Barclay's lo resolvió utilizando el pensamiento lateral. Instaló sensores infrarrojos de movimiento, al tiempo que un altavoz difundía el siguiente mensaje: «Nos preocupa su seguridad. Si no usa la máquina automática o abandona la cabina dentro de quince segundos, avisaremos a la policía para que acudan en su ayuda de inmediato».

> El mundo es de quienes saben aprovechar la oportunidad de aprovechar las oportunidades.
>
> *George Eliot*

- A finales de la década de 1980, Barry Kukes, de Compu-Pak, incrementó las ventas de disquetes en un 100% en apenas cinco meses, alcanzando un volumen de facturación anual de dos millones de dólares. ¿Cómo lo hizo? Pues utilizando un embalaje «nuevo» y «diferente». Su primer gran impacto lo logró con el disquete «traje de baño», en cuya etiqueta aparecía una mujer en bikini. Más tarde presentó etiquetas con cachorros de perrito, y tiene previsto incluir automóviles y otros objetos en el futuro. A Kukes le traía sin cuidado que su embalaje careciera de sentido. «¿Qué tiene que ver una chica en bikini con un disquete?», te preguntarás. ¿Su respuesta?: «Soy el primero en admitirlo: absolutamente nada».

> A algunos individuos se les reconoce el mérito de ser conservadores, cuando en realidad son estúpidos.
>
> *Kin Hubbard*

Debido a lo inusual del embalaje, Kukes recibió una sustancial publicidad gratuita. Si quieres publicidad gratuita, recuerda que los medios de comunicación no tienen ninguna relación con el negocio de promocionar tu producto. Lo que buscan es una buena historia. Practica el pensamiento divergente. Sé el primero, sé atrevido y sé diferente, y hablarán de ti y de tu empresa.

- En 1989 el restaurante Hy's Encore, en Vancouver, se enfrentó al problema de que muchos clientes potenciales creían que el establecimiento estaba cerrado. A cada lado del restaurante estaban demoliendo sendos edificios, lo cual hacía pensar que el minúsculo restaurante iba a correr la misma suerte.

    Su propietario puso un anuncio en el *Vancouver Sun* en el que aparecía una foto del Hy's con los edificios en derribo. En el anuncio podía leerse lo siguiente:

Hy's Encore funciona a todo gas. A pesar de los rumores que aseguran lo contrario, este establecimiento, situado en Hornby Street, entre dos nuevos y magníficos edificios en construcción, sigue abierto y funcionando como el primer día —de eso hace ya veintisiete años—. Las principales reformas de las instalaciones están a punto de finalizar, ofreciendo un nuevo y asombroso aspecto a sus clientes. En la fotografía se puede observar la primera fase del programa de remodelación, que incluía la demolición de los edificios adyacentes.

Notas del capítulo

Ejercicio 9-1
Fíjate en lo fácil que es para la mayoría de la gente estructurar el pensamiento. Aunque hay más de una respuesta, la más lógica consiste en que Milisa es hija tanto de la maestra de escuela como del miembro del plantel de mecanógrafos.

¿Alguien ha dicho que dicho miembro fuese mujer? ¡No! Era un varón; el técnico de mantenimiento del departamento. Y por azares del destino había contraído matrimonio con una mujer mayor. (Sólo el 20% de los participantes en mis seminarios lo captan.)

Ejercicio 9-2

Los pensadores laterales encontrarán muchas soluciones. Una de las mías consistiría en delegar el asunto en un ayudante de dirección y poner pies en polvorosa. De este modo, conservaría el empleo demostrando que no estaba presente cuando se arrió la bandera.

En la vida real, el director sabía que uno de sus proveedores más próximos estaba a punto de llegar para hacer una entrega de productos alimenticios. Le llamó, le pidió que viniera cuanto antes y que echara abajo el asta de la bandera con el camión de reparto. El hombre así lo hizo. A continuación, el director telefoneó a su jefe y le informó que un camión de reparto se había cargado el asta de la bandera, pero que se encargaría de que la repararan al día siguiente.

Evidentemente, no mencionó el hecho de que el siniestro había sido intencionado.

> A veces, a los hombres se les llama genios al igual que a algunos insectos se les llama ciempiés: no porque tengan cien pies, sino porque la mayoría de la gente sólo sabe contar hasta catorce.
>
> *Georg Christoph Lichtenberg*

Ejercicio 9-3

Este ejercicio ya se ha comentado en este capítulo.

Ejercicio 9-4

Una solución lineal consistiría en que la princesa eligiera una piedra y sacrificara su felicidad. Otra, en delatar la artimaña de la reina.

Una de las aproximadamente veinte soluciones divergentes consiste en que la princesa pida a la reina que elija primero, y luego decirle que, dado que ha sacado el diamante, la otra piedra tiene que ser el rubí.

Ejercicio 9-5

No tienes por qué conservar eternamente la bandera de la tira cómica. Utiliza el pensamiento divergente y envíasela a George Bush. Si tanto le gusta, debería sentirse feliz de tener otra, aunque sea de papel.

Ejercicio 9-6

Aunque el aparcamiento estaba estrictamente reservado para los empleados y no para los demás ciudadanos, Barr hizo colocar varios rótulos de grandes dimensiones advirtiendo que el precio del aparcamiento por una hora o fracción era una suma entre cinco y diez veces superior a la tarifa habitual de aparcamiento en Vancouver. El efecto disuasorio fue inmediato: al 75% de los usuarios ilegales no se les volvió a ver el pelo. No obstante, surgió un pequeño problema. De vez en cuando, alguien accedía al aparcamiento del edificio dispuesto a pagar la tarifa mínima.

Desviador de la mente 1: Algunas soluciones son el uno y el tres de 1/3, once (XI) y dos (II) de XI/II, y tres letras y media del término «trece».

Desviador de la mente 2: El primer ministro británico vive en la residencia oficial de 10 Downing Street, Londres, S.W.1 (Inglaterra) y el primer ministro de Canadá vive en la residencia oficial de 24 Sussex Drive, Ottawa, K1A 0A2 (Canadá). Ahora vuelve a empezar e intenta resolver el ejercicio (véase Anexo, p. 210, para la solución).

Desviador de la mente 3: El hombre era calvo.

Desviador de la mente 4: El granjero come huevos de pato.

Desviador de la mente 5: Once (todos excepto febrero).

Desviador de la mente 6: Casa, cerdo, monstruo (casita, cerdito, monstruito).

Desviador de la mente 7: Una moneda con la inscripción 6 a.C. carece de sentido, pues significa «antes de Cristo». Sólo a partir de Cristo se podían acuñar monedas con esa inscripción.

El problema de la mayoría de los individuos no reside tanto en su ignorancia como en saber demasiadas cosas inútiles que deberían ignorar.

Josh Billings

Desviador de la mente 8: La mujer nació un 29 de febrero, en un año bisiesto, y ahora tiene cuarenta años.

Desviador de la mente 9: Abre los cuatro eslabones de una de las cinco cadenas. Te costará 4 dólares. Luego úsalas para unir las otras cuatro cadenas. Te costará 6 dólares. Coste total: 10 dólares.

**Jeroglífico de los
desviadores de la mente:** No seas tan perezoso. Muestra un poco de respeto y reflexiona un poco más. ¡Tardé horas en crearlos y ahora quieres saber la solución en un par de minutos! (Cuando hayas dedicado más tiempo a su resolución, consulta el Anexo, pp. 210-211.)

CAPÍTULO
10

Si tienes problemas, con-sidérate afortunado

¿Qué es un problema?

¿Cómo enfocas los problemas cotidianos? ¿Consideras siempre un gran problema como una situación desagradable? ¿Sí? Pues no deberías hacerlo. La gente creativa considera los problemas, incluso los más complejos, como oportunidades de crecimiento. Cada situación conflictiva debería ser muy bien recibida en nuestra vida, como una ocasión más de alcanzar la satisfacción personal. En realidad, no hay mayor satisfacción que la derivada de resolver problemas complejos.

No lo olvides: los problemas son oportunidades; lo único que tienes que hacer es aceptarlas y beneficiarte de ellas. No sólo la supervivencia, sino también la prosperidad tanto de las personas físicas como de las empresas, en un mundo como el actual, sometido a rápidos cambios, están aseguradas si son capaces de resolver positivamente los problemas, y dicha capacidad la tienen quienes reciben las situaciones conflictivas con los brazos abiertos y se sienten estimulados por el desafío que suponen. Los retos ponen en marcha el fluido creativo. Por decirlo de algún modo, en el mundo moderno, la capacidad de disfrutar y sacar el máximo partido de los problemas constituye la receta esencial del éxito.

> Visita hoy a tu madre. Es probable que no haya tenido problemas últimamente.
>
> *Graffiti*

Ejercicio 10-1. Tan fácil como hacer rodar un leño

Imagina que tienes un jefe al que se le atragantan un poco los números. A decir verdad, no conoces a nadie que esté tan pez en matemáticas como él. Cuando tiene que hacer un cálculo matemático, acude a ti. Hoy, sin ir más lejos, quiere que le ayudes a calcular la siguiente ecuación.

$$123 + 456 - 23 = ?$$

Como es natural, lo resolviste en un santiamén, pero ¿qué satisfacción experimentaste por el hecho de haber resuelto la ecuación? A menos que seas tan negado para las matemáticas como su jefe ficticio, ninguna en absoluto. ¿Por qué no? Pues simplemente porque no te suponía el menor desafío. Si tienes un empleo en el que lo único que tienes que hacer son cálculos aritméticos elementales, por muy bien que te retribuyan a fin de mes, la satisfacción será nula.

Ejercicio 10–2. Un rompecabezas de cinco mil años de antigüedad

Ahora supón que a tu jefe también le gustan los rompecabezas, y es bastante bueno resolviéndolos, aunque esta vez se le ha atragantado uno y te pide ayuda. El rompecabezas en cuestión tiene cinco mil años de antigüedad y fue desarrollado por los chinos. ¿Lo puedes resolver?

Si:

    __ __
———————   = 6
———————

    ———————
   __ __   = 1
   __ __

   __ __
———————   = 3
   __ __

Lo que hace:

   __ __
   __ __   Y equivale a
———————

Si has resuelto ambos ejercicios, ¿cuál te ha proporcionado más satisfacción? Evidentemente, el segundo (véase en Notas del capítulo, p. 130, la solución al segundo ejercicio). He aquí una sencilla manifestación de hasta qué punto el incremento del grado de dificultad en la resolución de un problema aumenta el nivel de satisfacción.

Cuanto mayor es el desafío, mayor es la satisfacción que se experimenta al resolverlo.

Las soluciones son la causa principal de los problemas.

Eric Sevareid

Mi casa se incendió y ahora puedo ver la luna

Ser creativo significa considerar los problemas como oportunidades para obtener una mayor satisfacción en la vida. La próxima vez que te enfrentes a una situación conflictiva en el trabajo, sé consciente de tus reacciones. Si confías en ti mismo, experimentarás una sensación muy agradable al disponer de otra oportunidad de poner a prueba tu creatividad. Por otro lado, quienes se sientan inquietos, preocupados, nerviosos o ansiosos, bastará con que recuerden que tienen la capacidad de ser creativos y de resolver problemas. Cualquier problema actual constituye una extraordinaria ocasión de generar soluciones innovadoras y de obtener satisfacción resolviéndolo satisfactoriamente. Un proverbio chino dice: «Mi casa se incendió y ahora puedo ver la luna». No es mi deseo, ni muchísimo menos, que tu casa o la de cualquier otra persona quede reducida a cenizas, pero sí lo es que seas capaz de afrontar algunos de tus problemas habituales y no tan habituales y de descubrir oportunidades en ellos.

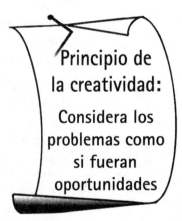

Principio de la creatividad: Considera los problemas como si fueran oportunidades

Ante un problema, tenemos dos alternativas. La primera consiste en oponer resistencia, lo cual resulta indudablemente ineficaz, ya que la resistencia a los problemas es fruto del miedo, la pereza o la falta de tiempo. Cualquiera que sea la razón para reaccionar con resistencia, el problema no desaparecerá. Recuerda el principio de la psicología según el cual todo aquello a lo que nos resistimos, persiste. Y esto es muy cierto en relación con los problemas. La resistencia asegurará su perpetuación.

La segunda alternativa consiste en hacer algo respecto al problema. Podemos recurrir a nuestras capacidades y asumir el control de la situación. De hecho, los individuos supercreativos se emocionan frente a un nuevo problema, ya que significa un nuevo reto, y tarde o temprano —al resolverlo—, el nuevo reto se traducirá en un estado más elevado de satisfacción y crecimiento.

Los problemas: el bueno, el feo y el malo

Se han dicho muchas cosas de los problemas y de cómo habría que abordarlos. La realidad de los problemas puede ser «buena», «fea» o «mala», como en el famoso western *El bueno, el feo y el malo*. Te ruego que pienses un poco en lo que te voy a decir: una situación te parecerá buena, fea o mala dependiendo de tu interpretación.

1. **Tener mucho dinero no elimina ni reduce los problemas.**

   Eso es algo que la mayoría de la gente no creerá aunque las evidencias sean palmarias. En general, el ser humano prefiere convencerse a sí mismo de que una gran cantidad de dinero resolvería por completo todos sus problemas, lo cual no es sino creer en una especie de Papá Noël; todo nos saldrá a pedir de boca cuando nuestro redentor nos proporcione algo de un extraordinario valor. Recuerda lo falsa que era esta creencia cuando éramos niños. Nuestra felicidad era breve y nuestros problemas perduraban.

   Pero hay otras muchas pruebas de que el dinero no resuelve los problemas. En los periódicos encontrarás miles de historias de gente rica que tiene dificultades con la ley u otros problemas de envergadura. Según una encuesta reciente, el porcentaje de personas que ganan más de quince millones de pesetas anuales y que se sienten insatisfechas con sus ingresos es superior al de quienes ganan menos de dicha cantidad. Asimismo, el porcentaje de la población que tiene problemas con el alcohol y las drogas también es más elevado entre la gente acomodada.

   ¿Quieres saber cuál es mi teoría? Quien es feliz y resuelve sus problemas con unos ingresos de cinco millones de pesetas anuales, también será feliz y resolverá sus problemas cuando tenga muchísimo más dinero. Pero quien es infeliz y no resuelve sus problemas con cinco millones de pesetas anuales, seguirá siendo infeliz y resolviendo ineficazmente sus problemas por mucho dinero que atesore.

2. **La gente de éxito en los negocios tiene más problemas y más graves que los demás.** Quienes poseen todo lo necesario para hacer dinero o dirigen una gran compañía saben resolver sus problemas a la perfección, con la diferencia de que los suyos son considerablemente más cuantiosos y más graves. De ahí que su responsabilidad sea proporcionalmente mayor. Según un estudio reciente publicado en la revista *Canadian Business*, los directores ejecutivos de las empresas canadienses de mayor envergadura trabajan una media de once horas diarias. Como es lógico, una buena parte del tiempo la dedican a resolver innumerables situaciones conflictivas.

3. **Determinados problemas se pueden delegar.** Ésta es una de las formas más eficaces de resolver problemas. Personalmente, la negociación de mis servicios de conferencias me causaba un verdadero problema; me ocupaba mucho tiempo y me impedía realizar otras tareas. Pues bien, lo resolví delegándolo. Ahora dispongo de una oficina de conferencias que negocia en mi nombre. Si tienes un problema con un empleado del servicio de correos que te asegura que es imposible mandar el paquete a un determinado destino, lo peor que puedes hacer es quejarte o protestar. El empleado se pondrá a la defensiva y seguirás teniendo el mismo problema que antes. Es preferible que le digas: «De acuerdo, y ¿qué haría usted si estuviera en mi lugar?». Al trasladarle el conflicto, incrementas las posibilidades de que encuentre alguna forma creativa de hacer llegar el paquete a su destino. Si eres un directivo, tienes la posibilidad de librarte de una buena parte de tus problemas. ¿Cómo? Delegándolos, por supuesto. Analízalos detenidamente y decide cuáles puedes delegar a tus subordinados. Luego, no lo pienses dos veces: ¡delégalos sin más!

> Cuando no tienes dinero, el problema es la comida. Cuando tienes dinero, el sexo. Cuando tienes ambas cosas, la salud... Si todo es sencillamente satisfactorio, entonces tendrás miedo a la muerte.
>
> *J. P. Donleavy*

4. **Al resolver un problema, a menudo se crean más problemas.** Imagina que tu problema consiste en que quieres casarte. Te casas y lo resuelves, pero a continuación tendrás que hacer frente a todos los problemas derivados del matrimonio. Otro problema podría ser la falta de un armario ropero lo suficientemente surtido. Una vez resuelto, no tienes espacio para guardar otras cosas y no sabes qué ponerte. Imagina que tienes poco dinero y te toca la lotería. ¡Sensacional! ¡Se acabó el problema! En efecto, se acabó aquel problema, pero ahora tendrás muchos más (perderás la excelente relación que mantenías con tus amigos, pues ahora tendréis muy poco o nada en común, etc.).

5. **Los sucesos dolorosos o los graves reveses personales suelen ser oportunidades de crecimiento y transformación creativa.** Muchos individuos aseguran que divorciarse o perder todos los ahorros en un casino permite ver las cosas mucho más claras que antes. El resultado es una experiencia de despertar creativo. Los fracasos, tales como no conseguir un ascenso cuando estábamos convencidos de que ya lo teníamos en el bolsillo, pueden propiciar un renacer del pensamiento creativo que hasta entonces había estado dormido. Algunas personas afirman que ser despedidos de su empleo fue lo mejor que les había sucedido en la vida. Los problemas más graves sacuden la mente y quiebran los viejos hábitos del pensamiento.

6. **Una vida sin problemas tal vez no merezca la pena vivirse.** Si estuviéramos encadenados a una máquina que lo hiciera todo por nosotros, la totalidad de nuestros problemas se desvanecerían en el acto, aunque es muy probable que a nadie le resultara atractivo este tipo de sustituto de la vida con sus problemas inherentes. Aun así, la gente sigue soñando con una vida sin problemas.

7. **Si quieres librarte de tus problemas, búscate otro mayor.** Tenías que decidir lo que ibas a hacer esta tarde y no sabías por dónde empezar. Así pues, tenías un problema. Mientras le dabas vueltas al dilema, un enorme oso gris empezó a perseguirte. El pequeño problema de no saber lo que ibas a hacer quedó eliminado *ipso facto* por un problema mayor: el oso gris. La próxima vez que tengas un problema, búscate otro más grave para desembarazarte del anterior. Lo olvidarás con facilidad.

8. **La mejor forma de disfrutar de los problemas profesionales consiste en hacer un trabajo o dirigir una empresa que realmente te apasione.** Si deseas doctorarte en resolución de problemas, es fundamental que te entusiasme el trabajo que realizas. En consecuencia, deberías abandonar de inmediato cualquier empleo desagradable, y el mejor momento para hacerlo es... ¡ya! Olvida cualquier excusa que pudiera llevarte a continuar soportando situaciones que te desagradan, que no te deleitan y que no te hacen sentir realizado ni satisfecho de ti mismo. Si encuentras el trabajo que te gusta, resolver los problemas que se te planteen constituirá un auténtico placer.

> Cómete un sapo por la mañana si no quieres encontrar nada más desagradable durante el resto del día.
>
> *Nicolas Chamfort*

9. **La mayoría de los problemas se pueden transformar instantáneamente cambiando el contexto en el que los estamos analizando.** ¿Cómo es posible que algunas personas puedan perder toda su fortuna y andar por la calle con la cara bien alta diciendo: «Ha sido un buen negocio, sólo es dinero; sigo teniéndome a mí mismo»? Compáralo con otro individuo acaudalado que paga una módica cantidad en un aparcamiento y no consigue conciliar el sueño durante dos noches seguidas porque no se puede quitar de la cabeza el gasto extra en el que ha incurrido. La diferencia está en el contexto en el que se analizan ambos problemas.

> Si pusiéramos todos nuestros infortunios en un fondo común del que todo el mundo tuviera que coger una porción igual, la mayoría de la gente se contentaría con llevarse la suya y esfumarse.
>
> *Sócrates*

Lo que determina la evaluación de la gravedad de los problemas no es la realidad ni la envergadura de los mismos, sino la elección perceptiva. Se puede cambiar la calidad de vida cambiando el contexto en el que consideramos los problemas, y el contexto está relacionado con la posibilidad de ver la botella medio vacía o medio llena. La vida funciona mucho mejor cuando se opta por verla medio llena.

Los problemas ajenos pueden ser tus oportunidades

La gente tiene millones de problemas, y estos problemas son nuestras oportunidades. La capacidad para identificar y resolver los problemas de los demás puede enriquecer nuestra vida. Quienes saben detectar y resolver los problemas son las verdaderas piezas clave —los grandes triunfadores— en el mundo de los negocios.

> No hay nada como un problema cuando no tienes ningún don en las manos. Buscas problemas porque necesitas sus dones.
>
> *Richard Bach*

Ejercicio 10-3. Concéntrate en los problemas ajenos

Identifica cinco problemas que tengan otras personas tanto en su vida privada como laboral. Luego intenta concebir algunas ideas que podrían resolverlos, suministrando nuevos productos o servicios que el gran público estaría dispuesto a comprar.

Problemas ajenos que se pueden transformar en oportunidades de negocio

1. Gente adicta a Internet
2. Necesidad de más agua potable
3. Demasiadas personas que se sienten víctimas
4. Cómo utilizar mejor los recursos energéticos
5. Cómo conseguir que haya más jóvenes trabajando y más personas de edad avanzada jubiladas
6. Demasiados perros y gatos callejeros
7. Cómo gozar más del tiempo libre
8. Balnearios y complejos turísticos excesivamente caros
9. Escuelas que no enseñan a pensar creativamente
10. Empresas que quieren aumentar la productividad
11. Necesidad de un trabajo más satisfactorio
12. Viviendas más económicas
13. Espacio libre sin alquilar en los edificios comerciales
14. Compañías demasiado difíciles de gestionar
15. Productos excelentes que no se comercializan con eficacia

16. Guarderías infantiles más económicas
17. Cómo ahorrar para la jubilación
18. Algunas ciudades no son lugares agradables en los que vivir
19. Cómo reducir el analfabetismo
20. Demasiadas empresas en quiebra
21. Cómo erradicar el hambre en el mundo
22. La calidad de la educación en las escuelas

> El año nuevo trae 365 días de oportunidades.
>
> *Un sabio anónimo*

23. Demasiados adolescentes que dejan los estudios
24. Cómo encontrar a los niños extraviados
25. Cómo ser feliz al jubilarse
26. Cómo reducir el índice de divorcios
27. La soledad que experimentan muchas personas casadas y solteras por igual
28. Cómo prevenir los suicidios
29. Gente que desea un mayor sentido de comunidad en su vida
30. Información insuficiente
31. Exceso de información
32. Individuos que no saben cómo asumir sus responsabilidades

33. Gente que quiere sobresalir por encima de los demás a toda costa
34. Cómo potenciar la autoestima
35. Productos de pésima calidad
36. Cómo encontrar el empleo adecuado
37. Cómo pueden hacer nuevos amigos las personas solteras
38. Cómo ser consciente de la realidad
39. Cómo gastar el dinero con prudencia
40. Cómo ser más feliz en la vida
41. Cómo tener más poder
42. Cómo conseguir fondos empresariales para los programas sociales y de la comunidad
43. Cómo reducir el estrés en el trabajo
44. Cómo estar sano y tener un aspecto joven
45. Cómo encontrar vacaciones más económicas
46. Cómo evitar a los parientes latosos
47. Demasiadas opciones en la vida
48. Poco tiempo para hacerlo todo
49. Cómo evitar la delincuencia
50. Cómo ampliar esta lista hasta cien elementos

Ejercicio 10-4. Tu propia lista de «fastidios» para divertirse o beneficiarte

Piensa en la pregunta siguiente: ¿Qué te fastidia? ¿Qué fastidia a los demás? Elige dos «grandes» fastidios e inventa productos o servicios que contribuirían a mitigarlos o eliminarlos por completo.

Lista de fastidios de la gente
Oportunidades para nuevos productos y servicios

1. Abogados por teléfono
2. Tener que ensalivar los sobres y los sellos
3. Demasiadas noticias en la radio
4. Gente negativa
5. Gente abiertamente positiva
6. Humo de cigarrillo ajeno
7. Teléfonos móviles sonando en los restaurantes
8. Insuficientes rótulos indicadores en las calles
9. Enormes baches en la carretera
10. El centro de trabajo demasiado lejos
11. Tráfico excesivo en el vecindario
12. Libros espantosos
13. Encontrar los cordones adecuados para los zapatos
14. Grifos que gotean
15. Vendedores de enciclopedias a domicilio
16. Llevar el coche al taller
17. Parientes
18. *Yuppies* fanfarrones e inseguros de sí mismos
19. Bombillas que se funden
20. Comprar el árbol de Navidad
21. Demasiadas noticias negativas en los periódicos
22. Jefes autocráticos
23. No saber qué escribir en las cartas
24. Estar aburrido de la vida
25. Trámites burocráticos
26. Oradores pesadísimos en las conferencias
27. Perros ladradores
28. Mal servicio en los comercios
29. Manuales de instrucciones incomprensibles
30. Coches aparcados delante de tu casa
31. Abolladuras en el automóvil cuando lo dejas en un aparcamiento
32. Coches ocupando dos plazas de aparcamiento
33. Gente que conduce demasiado lento o demasiado rápido
34. Entidades benéficas que venden sus listas de correo a otras entidades benéficas
35. Escribir un ensayo, artículo, libro, informe, etc.
36. Dos pizzas por el precio de una cuando ni siquiera vale la pena comerse una
37. Aburrimiento en los aviones
38. Zapatillas deportivas que nunca se ablandan
39. Extraviar una media de calidad
40. Correo basura (publicidad, etc.)
41. Bañeras pequeñas
42. Segar el césped
43. Fiestas ruidosas en casa de los vecinos
44. Hacer cola
45. Miembros del sexo opuesto que se insinúan a la primera de cambio
46. Demasiada publicidad en TV y en las revistas
47. Anuncios ofensivos en TV
48. Asientos incómodos en una cafetería
49. Tratar con personas detestables
50. Listas largas como ésta

> Conseguiré que la electricidad sea tan barata, que sólo los ricos puedan permitirse el lujo de encender velas.
>
> *Thomas Edison*

Grandes problemas, grandes oportunidades

Cuando se trata de problemas, no hay que olvidar que cuanto mayores son, mayor es también la oportunidad. Veamos un ejemplo:

> Bette Nesmith Graham tenía un grave problema. Trabajaba de mecanógrafa, pero cometía muchos errores. Bette era consciente de que a sus compañeras les ocurría lo mismo, y esto fue lo que le impulsó a fundar una empresa multimillonaria. A principios de la década de 1960, IBM lanzó al mercado sus nuevas máquinas de escribir eléctricas con cintas de película de carbón. Cuando las mecanógrafas intentaban borrar los errores tipográficos, el borrón era más que considerable y casi siempre había que volver a empezar. Para resolver este problema, Bette desarrolló una pintura blanca especial para corregir este tipo de errores. Funcionaba muy bien. La llamó Liquid Paper. Cuando Bette Graham ofreció su nuevo producto a IBM, se lo rechazaron. Pero aquel problema también fue una oportunidad, pues decidió comercializarlo ella misma. Al morir, en 1980, su fortuna era considerable.

> *Los desastres han sido lo mejor que podía sucedernos. Y lo que juramos que son bendiciones, ha sido lo peor.*
>
> *Richard Bach*

Nuestra profesión o nuestro negocio guarda una estrecha relación con los problemas individuales. Todo trabajo exige de uno u otro modo resolver problemas. El ser humano siempre tendrá problemas y, a su vez, siempre tendrá innumerables oportunidades de resolverlos. Concentrarte en los problemas te puede hacer rico y famoso (si es esto lo que quieres). Pero por encima de la riqueza y la fama está la satisfacción y el gozo derivado de haberlos resuelto de un modo eficaz.

Notas del capítulo

Ejercicio 10-2

La respuesta es cuatro. Si te fijas en los tres primeros juegos de tres líneas, te resultará muy fácil descubrir la pauta. La primera línea de tres equivale a uno, la segunda a dos, y la tercera a cuatro. Cada línea discontinua equivale a cero. La suma de las tres líneas da el resultado. Por lo tanto, el que nos interesa se obtiene de la forma siguiente:

$$0 + 0 + 4 = 4$$

CAPÍTULO
11

Cómo ser un fracasado con éxito

Si quieres tener más éxito, fracasa mucho más

Ejercicio 11-1. ¿Cómo se llama el Sr. X?

El Sr. X fracasó en su empresa. Se presentó candidato a la asamblea legislativa del estado y no lo consiguió. Se presentó dos veces al Congreso y no salió elegido. Por lo que se refiere al Senado, corrió la misma suerte. El éxito le fue esquivo cuando luchó denodadamente para acceder a la vicepresidencia de Estados Unidos. La mujer que amaba falleció muy joven.
Al final, el pobre hombre sufrió una crisis nerviosa.

¿Quién era ese hombre?

> Todo arte profundamente original parece horrososo al principio.
>
> *Clement Greenberg*

Ejercicio 11-2. La clave del éxito empresarial

¿Cuál es la cualidad más importante de los empresarios y directores ejecutivos que les ayuda a tener éxito?

En el capítulo anterior hemos dicho que los problemas son oportunidades y que cuanto más graves son, mayor es la satisfacción que produce su resolución. Siendo así, ¿por qué tanta gente rehuye determinados problemas como si se tratara de pit bulls rabiosos? Uno de los principales motivos es el temor al fracaso.

Muchas personas evitan el riesgo al fracaso sin darse cuenta de que el éxito casi siempre se alcanza después de muchos fracasos. Retomemos el ejemplo del ejercicio 11-1. El Sr. X no era otro que Abraham Lincoln. Todos sus «fracasos» acontecieron antes de convertirse en uno de los presidentes más célebres de Estados Unidos.

Por un lado, la sociedad norteamericana está obsesionada con la consecución del éxito, y por otro, la mayoría de la gente tiene miedo a fracasar e intenta evitarlo a toda costa. La necesidad de tener éxito y el deseo de eludir el fracaso son contradictorios. El fracaso no es sino un paso indispensable para alcanzar el éxito. Tendrás que experimentar innumerables fracasos antes de experimentar el éxito. El camino hacia el éxito viene a ser algo así:

Fracaso Fracaso Fracaso Fracaso Fracaso Fracaso
Fracaso Fracaso Fracaso Éxito

En efecto, el camino hacia el éxito está plagado de fracasos —fracasos y nada más que fracasos—. No obstante, muchos individuos se empeñan en evitarlo a cualquier precio. El temor al fracaso está asociado a otros temores, tales como el de ser considerado un loco, el de ser criticado, el de perder el respeto del grupo y el de perder la seguridad económica. Rehuir el fracaso significa rehuir el éxito. Hay que fracasar para triunfar. De ahí que la única forma de duplicar el índice de éxito consista en duplicar el índice de fracaso.

> Mucha gente desengañada se ha quedado en la esquina esperando y esperando el autobús Perfección.
>
> *Donald Kennedy*

Es absurdo tener miedo a ser un loco

Los participantes en mis seminarios suelen citar el temor al fracaso como una barrera o un forajido de la creatividad. Sin embargo, yo les corrijo diciéndoles que lo que realmente temen no es el fracaso, sino lo que los demás van a pensar de ellos. Mucha gente evita asumir riesgos porque les aterroriza quedar mal si fracasan. Estamos tan obsesionados con la idea de ser aceptados por la colectividad que nos negamos a hacer cualquier cosa que pudiera hacernos quedar mal a los ojos de los demás. Así pues, la elusión del riesgo se convierte en la norma, lo cual no sólo va en detrimento de nuestra creatividad, sino también de nuestro brío, de nuestro dinamismo, de nuestra vivacidad. Si queremos ser creativos y vivir la vida a tope, deberemos aprender a ser locos.

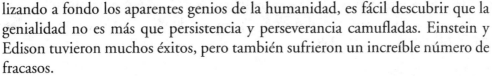

Principio de la creatividad:

Asume riesgos

Son incontables las personas que creen que en la vida existe una jerarquía como la que ilustra la figura anterior. En la cúspide están los genios. Les siguen los emprendedores de éxito, es decir, los que nunca fracasan, y a continuación, los genios. Analizando a fondo los aparentes genios de la humanidad, es fácil descubrir que la genialidad no es más que persistencia y perseverancia camufladas. Einstein y Edison tuvieron muchos éxitos, pero también sufrieron un increíble número de fracasos.

Con todo, aún existe un nivel peor que el de ser un loco: «El miedo a ser un loco». En efecto, tener miedo a ser un loco es peor que serlo. Los genios, los líderes eficaces y los emprendedores de éxito han conseguido dominar el miedo a ser unos locos. Se han dado cuenta de que para triunfar en sus proyectos primero tienen que ser unos locos (¡cuidado!: no hay que confundir «ser» un loco con «estar» loco), ya que ser un loco es esencial para adquirir maestría en la vida. Ser «un loco» está en un plano mucho más elevado que «tener miedo a ser un loco». La vida nos exige ser un loco ahora y siempre.

Si te preocupa en demasía lo que los demás puedan pensar de ti, presta atención a lo que voy a decirte: los investigadores señalan que, en un día de los que consideramos buenos, el 80% de los pensamientos de todo ser humano son negativos. Ya puedes imaginar cuál será el porcentaje en un día aciago. Según parece, la mayoría de la gente pensará mal de ti hagas lo que hagas. Así pues, ¿cómo debes reaccionar? Muy sencillo: ¡al diablo con lo que piensen los demás!

> Entre el genio y la locura hay una línea muy fina. Yo la he borrado.
>
> *Oscar Levant*

Aprende a celebrar tus fracasos

Los emprendedores y directivos de éxito son «genios» asumiendo riesgos. Nunca son exorbitantes, sino calculados y razonables, de manera que las oportunidades de triunfar no son tan escasas como en el caso de una apuesta ni tan excesivas como para estar garantizadas. Los líderes de hoy en día se permiten el lujo de afrontar el desafío que supone una probabilidad razonable de perder y una probabilidad razonable de ganar.

Volvamos al ejercicio 11-2. El éxito de los emprendedores y directivos depende de muchos e importantes factores, entre los que se incluyen la comunicación, la visión, el liderazgo, la integridad, la sensibilidad, la flexibilidad del pensamiento, la confianza, el coraje y el inconformismo creativo. Pero el Centro para el Liderazgo Creativo en Greensboro, Carolina del Norte, descubrió uno que sobresale por encima de todos los demás, que es el que confiere la ventaja decisiva a los conseguidores natos.

Me refiero a la capacidad de gestionar el fracaso. La gente de éxito no se arredra ni se detiene ante los reveses inesperados de la vida, contemplan los fracasos desde una perspectiva distinta y aprenden de ellos —a decir verdad, les dan la bienvenida y los celebran.

Fracasos experimentados por gente de éxito

El riesgo acarrea la probabilidad del fracaso. Es un precio que hay que estar mentalizado para aceptar. Cuanto mayores son los riesgos, mayor es la probabilidad de perder, aunque también pueden ser mayores las recompensas. Veamos algunos ejemplos de personas triunfadoras a pesar de sus fracasos iniciales en la vida:

- Diane Sawyer consiguió uno de los mejores empleos en los noticiarios televisivos como presentadora de *Prime Time Live*. ¡Menudo cambio después de haber trabajado tres años dedicada a los informes meteorológicos en Louisville, Kentucky!

- El actor y comediante Robin Williams fue votado por sus compañeros de escuela como el que menos probabilidades tenía de triunfar en el futuro.

- Antes de que Christie Brinkley se convirtiera en una supermodelo, era propensa a engordar y se describía a sí misma como «una adolescente tímida, gordinflona y con mejillas de ardilla».

- Jay Leno, presentador de *Tonight Show*, trabajó de animador en un burdel.

- Un profesor describió a uno de sus jóvenes alumnos como «lento mentalmente, insociable —a la deriva en sus alocados sueños.» Aquel joven alumno era Albert Einstein, que no aprendió a hablar hasta los cuatro años y a escribir hasta los siete.

- La primera novela de John Grisham, —autor de *The Firm* y *The Client*, que han vendido millones de ejemplares—, *A Time to Kill*, fue rechazada por veintiocho editoriales, y cuando por fin Wynwood Press se hizo cargo de ella, sólo vendió cinco mil.

- Michael Jordan no formó parte del equipo de baloncesto del instituto de segundo curso porque el entrenador dijo que no era lo bastante bueno.

- Phil Donahue, todo un personaje de la televisión, empezó trabajando en un banco al fracasar en su primera audición como presentador de radio.

> Lo peor de un éxito es intentar encontrar a alguien que se sienta feliz por ti.
>
> *Bette Midller*

- Matthew Coon Come, gran jefe de los indios cree de Quebec, ha sufrido innumerables reveses en su lucha contra Hydro-Quebec para evitar que las tierras de su pueblo fuesen inundadas y se desviara el curso del río. Sin embargo, gracias a sus creativas formas de llamar la atención sobre este asunto y sus victorias en los tribunales canadienses, ha conseguido la anulación de los lucrativos contratos de exportación de Hydro-Quebec. Recientemente, a Coon Come le fue concedido uno de los premios medioambientales más prestigiosos del mundo, el que otorga la Goldman Environmental Foundation.

- Jane Pauley se convirtió en toda una celebridad televisiva en *Dateline NBC*, aunque perdió seis veces en las elecciones de reina de la fiesta de inauguración del año académico en su escuela.

Ejercicio 11-3. ¿Qué tienen en común estas personas?

- Lee Iacocca (ex director ejecutivo de Chrysler)
- Sally Jessy Raphael (presentadora de una tertulia televisiva)
- Rush Limbaugh (presentador de una tertulia radiofónica)
- Lily Tomlin (actriz de comedia)

- David Letterman (presentador de una tertulia televisiva)
- Stephen Jobs (fundador de Apple Computer, Inc.)
- Ernie Zelinski

Apuesto a que casi todos estabais pensando que lo que estas personas tienen en común es la fama. No obstante, la inclusión de mi nombre en la lista os ha trastocado los esquemas. En realidad, la respuesta es que todos ellos fueron despedidos de su empleo alguna que otra vez.

A Lee Iaccoca le despidieron de Ford Motor Company, a pesar de sus grandes logros, antes de ser contratado por Chrysler. Henry Ford III dijo a Iaccoca que le despedía simplemente porque a Ford no le gustaba Iaccoca.

Rush Limbaugh, el popular presentador de radio, afirma que le despidieron de todos los empleos que tuvo excepto dos. A Stephen Jobs le pusieron de patitas en la calle de Apple Computer, la compañía de la que había sido cofundador. A Sally Jessy Raphael le despidieron dieciocho veces en treinta años en el mundo de la televisión.

A David Letterman le echaron de su trabajo como hombre del tiempo en una cadena de televisión de Indianápolis porque se le ocurrió comparar en tono de humor el tamaño del granizo con «latas de jamón cocido». Lily Tomlin fue despedida de un restaurante de Howard Johnson por anunciar a través de la megafonía: «Su camarera favorita, Lily Tomlin, está a punto de hacer su aparición en el comedor. ¡Un gran aplauso para ella!». A los clientes les encantó, pero al director no.

Y ¿por qué me despidieron a mí?

En la empresa de servicios públicos en la que trabajé seis años, tuve la «osadía» de tomarme ocho semanas de merecidas vacaciones, lo cual sentó muy mal a mis superiores. Disfruté de lo lindo de aquel período vacacional, pero al reincorporarme al trabajo, la dirección me comunicó la decisión de darme vacaciones permanentes. Da igual, pues es estupendo estar en compañía de Limbaugh, Raphael, Iaccoca, Tomlin, Jobs y Letterman. ¿Puedes tú decir lo mismo? Si todavía no te han despedido de un empleo es que no eres lo bastante creativo.

Atención: a menudo, el éxito conduce al fracaso

Los «pensadores positivos» nos quieren hacer creer que el éxito casi siempre conduce a más éxito. Algo de cierto hay en la idea de que el éxito contribuye a generar más éxito, ya que proporciona confianza a los individuos y a las organizaciones. Asimismo, camino del éxito se aprenden nuevas e innumerables técnicas y principios que suelen ayudar a alcanzar el éxito futuro.

Lo que a menudo no dicen los «pensadores positivos» es que nada provoca tantos fracasos como el éxito. Con más frecuencia de lo que uno podría imaginar, el éxito desemboca en el más rotundo de los fracasos. Eso es debido a dos razones principales. La primera es la ley de los promedios. En general, hacemos más intentos infructuosos que satisfactorios; las probabilidades de fracasar son mucho mayores que las de triunfar, aun después de haber tenido éxito.

La segunda está relacionada con el ego y la complacencia. Las organizaciones y los individuos acostumbradas al éxito suelen ser prepotentes y tienden a creer que tienen la solución para todo o casi todo. Independientemente del éxito que tenga un producto, servicio o técnica, es innegable que no será el correcto o el apropiado en todas las circunstancias, ya que como sabemos, éstas cambian constantemente, y cuando lo hacen de una forma brusca, muchas organizaciones e individuos se encuentran ante un producto, servicio o técnica que ya no se adecua a sus propósitos, siendo incapaces de responder como es debido al nuevo clima empresarial. ¡Y entonces empiezan los problemas!

A los emprendedores se les conoce por su capacidad de construir compañías de un extraordinario éxito y luego verse agobiados por graves problemas financieros. Lo que a veces ocurre es que los emprendedores, tanto si se trata de hombres como de mujeres, desean demostrar al mundo que han conseguido llegar a la cima. Compran grandes casas, automóviles caros y un sinfín de otras cosas, y el negocio empieza a experimentar fugas de dinero precisamente cuando estaba alcanzando un éxito inusitado. Al darse cuenta de que un negocio está generando beneficios a mansalva en un determinado sector económico, la competencia entra en acción, precisamente cuando el negocio requiere un mayor aporte de dinero para afrontar el combate en condiciones. Si la fuga de dinero ha sido considerable, la otrora exitosa empresa no tarda en tener dificultades financieras: el éxito conduce al fracaso.

¡Qué importante es ser diferente!

Ejercicio 11-4. Un rasgo común en individuos poco comunes

¿Qué tuvieron en común las personas siguientes?:

- Madre Teresa de Calcuta.
- Thomas Edison.
- Albert Einstein.
- John F. Kennedy.
- Gandhi.

Principio de la creatividad:

Atrévete a ser diferente

¿Cuál es la mejor manera de influir profundamente en este mundo? Respuesta: Empezando por ser diferente. Ser creativo es pensar cosas diferentes y ser diferente de la mayoría de la gente. Se puede divergir de la norma para generar algo nuevo y valioso. Para ello, se necesitará coraje, ya que la gente que se desvía de la norma suele estar mal vista. Pero es indudable de que para conseguir algo importante, hay que tener la osadía de ser diferente.

Si quieres que tu vida sea interesante y emocionante, sé diferente de lo que sueles ser normalmente y de la mayoría de quienes te rodean. Aunque debo hacerte una advertencia. Cuando tomes la decisión de ser diferente, no obtendrás demasiado apoyo de tus amigos, compañeros de trabajo o de la sociedad. Desde luego, no esperes que te animen a seguir en esta línea.

La motivación para ser diferente tiene que proceder del interior y de descubrir que todo lo trascendente en este mundo probablemente fue iniciado por alguien distinto al resto de la humanidad, alguien que lo más seguro es que no sintonizara, en gran medida, con la sociedad.

Piensa en los personajes del ejercicio 11-4. Thomas Edison, Albert Einstein, la madre Teresa, Gandhi y John F. Kennedy influyeron en el mundo. Lo que tienen en común es que son diferentes de la mayoría. No sintonizaban con la sociedad; ninguno de ellos era conformista.

> Dos caminos divergían en un bosque y seguí por el menos transitado. Elegí correctamente.
>
> *Robert Frost*

Lo importante es que ser un conseguidor significa ser diferente y sentirse bien siendo así. Algunas personas pueden sentirse incómodas contigo, y otras detestarte. Te lloverán las críticas. Cuanto mayor sea tu éxito siendo diferente, más les desagradarás, aunque en el fondo, te respetarán por ser como eres, sobre todo cuando empieces a influir de un modo decisivo en la sociedad. Y también tú te respetarás.

Con frecuencia, las normas sociales dictan cómo debemos actuar y los objetivos que debemos perseguir. Creemos sentirnos a gusto con nosotros mismos, deseamos que todos nos aprecien o, por lo menos, la mayor cantidad posible de gente. En efecto, con el fin de pertenecer al grupo, acabamos haciendo cosas que no son coherentes con nuestro yo interior, con nuestra verdadera forma de ser. Es entonces cuando perdemos el sentido de quienes somos en realidad.

Nadie pone en duda que a menudo el inconformismo y la inadaptación son incómodos, pues hay que hacer frente a las burlas y críticas de la gente. La recompensa —la satisfacción y el respeto hacia uno mismo— se obtiene a largo plazo, sin olvidar que al final otras personas con un elevadísimo grado de motivación terminarán admirándote y felicitándote por haber tenido la fortaleza de mantenerte firmemente aislado de la tediosa muchedumbre.

No permitas que el impulso de agradar a los demás interfiera en tu «ser diferente». El impulso de agradar a los demás equivale a desear ser querido por los demás. Según el actor británico Robin Chandler: «La enfermedad de la amabilidad y la simpatía deja más vidas tullidas que el alcoholismo. La gente simpática tiene miedo de decir "no", se preocupa constantemente de lo que piensan de ella los demás y adapta minuto a minuto su comportamiento para agradarles, sin llegar a hacer nunca lo que quieren hacer».

> Si corres, podrías perder. Si no corres, ten por seguro que perderás.
>
> *Jesse L. Jackson*

Otro error consiste en adaptarse para ser aceptado por el grupo. Insiste en ser un individuo que tiene algo único que ofrecer a quienes saben valorar a los individuos en su individualidad y no a los clones. Ir en contra del *statu quo* y automarginarte del rebaño te permite saber quién eres en realidad. Ser diferente significa no hacer algo simplemente porque todo el mundo lo hace, y cuando alguien te sugiera que deberías hacerlo porque «todos lo hacen», haz un alto en el camino y piensa en lo absurdo de este planteamiento. Cuando hacemos algo porque todos lo hacen, nos estamos dejando influir por el instinto del rebaño.

Es fácil seguir al rebaño. Habrás observado que la gente que avanza por el camino general no suele salir muy bien parada a largo plazo, mientras que quienes influyen decisivamente en cualquier sector o campo del saber es invariablemente diferente. Veamos algunos ejemplos de personas que han dejado huella por el hecho de ser diferentes:

> No juegues a estar seguro. Es el juego más peligroso del mundo.
>
> *Sir Hugh Walpole*

- Anita Roddick.
- Margaret Thatcher.
- Nelson Mandela.
- Richard Branson.

Anita Roddick, a la que ya me he referido en el capítulo 6, es diferente por haber «infringido» múltiples normas en la gestión de su cadena de comercios de cosmética. Body Shop no gasta una sola peseta en hacer publicidad, lo cual resulta muy chocante en un sector en el que se invierten centenares de millones en marketing y publicidad. Body Shop confía exclusivamente en la publicidad verbal (boca a boca) y tampoco gasta demasiado dinero en investigaciones de mercado, a diferencia de la mayoría de las compañías de cosmética. ¿Cuál es su principal herramienta de investigación? Un simple buzón de sugerencias para los clientes en cada tienda. En la industria cosmética, el embalaje y la imagen son importantes, o por lo menos eso dicen los expertos. Body Shop utiliza frascos recargables diseñados con una finalidad «ligeramente» distinta —recoger muestras de orina—. Roddick anima a todos sus establecimientos a destinar el 25% (no el 0,25% como muchas otras empresas) de sus beneficios a un proyecto de la comunidad. Los informes anuales se imprimen en postales.

Margaret Thatcher fue la primera ministra británica con el mandato más largo del siglo veinte. Es interesante destacar que fue elegida la segunda persona más odiada, del pasado o el presente, después de Adolf Hitler, en una encuesta realizada por el Museo de Cera de Madame Tussaud en 1988, en Londres. En 1993 quedó cuarta, y en 1978 había sido tercera. Odiada, pero respetada; no en vano resultó vencedora en tres elecciones consecutivas.

En 1994 Nelson Mandela se convirtió en el primer presidente negro de la República surafricana, tras alcanzar su objetivo de eliminar el *apartheid* (discriminación racial) en su país. En la década de 1960 fue acusado de sabotaje y traición durante su lucha contra el *apartheid*. Tras pasar veintisiete años en prisión, fue liberado. La férrea voluntad de Mandela de pagar el precio derivado de ser diferente marcó su formidable ascenso al poder.

> Perdemos tres cuartas partes de nosotros mismos para ser como los demás.
>
> *Arthur Schopenhauer*

Richard Branson es decididamente diferente, aunque un verdadero triunfador muy admirado por el público británico.

La BBC Radio hizo una encuesta para descubrir a quién se debería encargar la tarea de reescribir los Diez Mandamientos. Branson quedó en la cuarta posición por detrás de la madre Teresa, el Papa y el arzobispo de Canterbury. No hay duda de que todos los hombres de negocios que califican de bicho raro a Branson darían su brazo izquierdo por gozar de la popularidad y el respeto que la audiencia británica concede a Branson.

Si quieres alcanzar aunque sólo sea una mínima parte del reconocimiento público que ha obtenido Branson, desde luego no lo vas a conseguir intentando adaptarte al resto de la manada. Personalmente he recibido una modesta publicidad con más de cien artículos de periódico, entrevistas televisivas de difusión nacional, participaciones en tertulias radiofónicas y artículos de revistas sobre mis libros y mi estilo de vida. Es probable que de haber contratado un espacio publicitario equivalente para promocionar mis libros, esta publicidad gratuita me hubiese costado una fortuna, con el inconveniente añadido de que la publicidad pagada no habría sido tan creíble y eficaz. Y lo más importante es que esa valiosa publicidad no fue el resultado de intentar adaptarme al resto del rebaño.

> La creatividad es inversamente proporcional al número de cocineros que han hecho el caldo.
>
> *Bernice Fitz-Gibbon*

Como dijo Andy Warhol, si eres una vulgar copia de carbón de cualquier otro individuo te será extremadamente difícil lograr tus quince minutos de fama. Los medios de comunicación no se dedican a escribir gratuitamente acerca de alguien, sino a proporcionar historias interesantes para sus lectores. Hace mucho tiempo descubrí que mis oportunidades de que los medios de comunicación escribieran sobre mí aumentaban de una forma espectacular si seguía estos tres principios:

- Ser el primero.
- Ser diferente.
- Ser atrevido.

Ser el primero es importante. Si te preguntara cuál fue la segunda expedición que llegó a la cima del monte Everest, lo más probable es que no tuvieras ni idea y que replicaras: «¿A quién le importa?». En la mayoría de los casos la gente no recordará quién fue el segundo en conseguir algo importante. (Por si te interesa, te diré que la segunda expedición que consiguió coronar la cima del Everest fue la de Jurg Marmet y Ernest Schmidt.)

> Cuando se salta desde un precipicio, se puede caer en cualquier parte.
>
> *D. H. Lawrence*

Ser diferente y ser atrevido también es importante. En la tarjeta de visita de Dick Drew, presentador del programa radiofónico nacional *The Canadian Achievers* y autor del libro del mismo título, se puede leer la inscripción que he transcrito a continuación. Me parece tan extraordinaria que siempre llevo encima su tarjeta y la releo de vez en cuando:

Si sigues a la multitud, nunca llegarás más lejos que ella. Si caminas solo, es posible que descubras parajes que nadie ha visto jamás.

Ser un conseguidor no está exento de dificultades, ya que lo peculiar engendra desprecio. Lo malo de ir por delante de tu tiempo es que cuando por fin la gente se da cuenta de que tenías razón, se limita a decir que era evidente. En la vida tienes dos opciones: diluirte en la corriente dominante o convertirte en un conseguidor y ser exclusivo. Para ser exclusivo, tienes que ser diferente, y para ser diferente, tienes que esforzarte para ser aquello que sólo tú puedes ser.

Si deseas llevar una vida anónima, entonces sigue adelante y sé como los demás —adáptate y forma parte del rebaño—. Ser conformista con la sociedad y pensar como el resto de la manada es otra forma de hacer lo fácil para obtener comodidad a corto plazo. Si lo haces, no habrá nada único en ti. Te adaptarás y gozarás del aprecio general. Pero a largo plazo la vida es difícil, ya que el respeto hacia uno mismo se resiente y el hecho de no haber podido realizar algo significativamente diferente no genera la menor satisfacción.

> Cuando todos piensan igual, nadie piensa demasiado.
>
> *Walter Lippmann*

Aunque decidas adaptarte a la sociedad para agradar a tus semejantes, puede darse el caso de que sólo consigas un poquito de aprecio, no demasiado. Lo que es innegable es que nunca obtendrás la fama o el reconocimiento público siguiendo al rebaño. Eres único y mereces un tratamiento único; no te empeñes en ser igual que los demás.

Si quieres ser feliz y vivir muchos años, sé excéntrico

El escocés Alan Fairweather sólo come patatas, ya sean cocidas, hervidas o fritas, y en contadísimas ocasiones puede quebrantar esta norma y comer una barrita de chocolate para añadir variedad a su vida. Fairweather no sólo ha elegido las patatas como la base de su dieta, sino que ha hecho de ellas su vida. Trabaja de inspector de patatas para el Ministerio de Agricultura en Escocia. Ni que decir tiene que a Fairweather le apasionan las patatas.

Probablemente pensarás: «Fairweather es un excéntrico». Y estás en lo cierto. Pero en cualquier caso, no sientas lástima de él ni de otros como él. Según el psicólogo David Weeks y el escritor Jamie James, autores del libro *Eccentrics*, Fairweather es un «auténtico» excéntrico.

Los excéntricos como Fairweather pasan una gran cantidad de tiempo solos. Sin embargo, Weeks y James descubrieron que no son ni mucho menos infelices, sino mucho más dichosos que el resto de la población. También están más sanos y tienden a ser mucho más longevos. Y para quienes crean que la gente como Fairweather está loca, Weeks y James llegaron a la conclusión de que los excéntricos son mucho más inteligentes que la población en general. Los verdaderos excéntricos son inconformistas, supercreativos, curiosos, idealistas, inteligentes, dogmáticos y están obsesionados con alguna afición. Weeks y James estudiaron a más de novecientos excéntricos y observaron que la mayoría de estos hombres y mujeres viven solos porque a los demás les parecen demasiado peculiares como para vivir con ellos. No obstante, pasar el tiempo a solas no constituye un problema para ellos; en realidad les encanta.

Los excéntricos disfrutan de una enorme libertad, un lujo que pocas personas se pueden permitir. Son libres para dedicarse a sus *hobbies* y para llevar el estilo de vida que les apasiona. Sin estar encadenados a la necesidad de tener que adaptarse a lo que les rodea, a los excéntricos les tiene sin cuidado lo que los demás piensen de ellos. Sus rasgos característicos más importantes, sobre todo la confianza en sí mismos y la sensación de libertad, les ayudan a conseguir una extraordinaria felicidad y longevidad. Así pues, la moraleja de la historia es muy simple: si quieres ser feliz y vivir muchos años, procura ser excéntrico.

Normas y suposiciones que no deben regir tu vida

Ser diferente significa desafiar el *statu quo*. Es una buena idea para los individuos y las organizaciones desafiar constantemente las normas y las suposiciones. Descartar normativas obsoletas y suposiciones sin fundamento permite analizar las situaciones profesionales desde una nueva perspectiva; la innovación tiende a fluir con mayor libertad y mejora el rendimiento de las organizaciones.

Muchas normas, tanto escritas como no escritas, están desfasadas y carecen de utilidad. A menudo, las normas se cumplen sin que nadie se pare a pensar en si tienen o no alguna finalidad. Las normas pueden frenar la generación de nuevas ideas e impedir la aplicación de formas innovadoras de hacer negocios.

Durante muchos años, los médicos y abogados canadienses estuvieron sometidos a una norma que limitaba la publicidad de sus servicios. Dicha norma interfería en su capacidad de contar al público cómo funcionaba su negocio y los tipos de servicios que ofrecían. Sólo después de desafiarla una y otra vez, consiguieron poner de manifiesto su obsolescencia. Ahora disfrutan de un ámbito publicitario más amplio.

Hay que desafiar no sólo las normas, sino también las suposiciones. Las emisiones de juicios hacen constantes suposiciones sobre la forma en que son las cosas, y a menudo dichas suposiciones tienen muy poca relación, o ninguna, con aquella forma de ser de las cosas. Sólo desafiando las suposiciones se puede determinar su validez.

Principio de la creatividad:

Desafía las normas y suposiciones

Por ejemplo, la mayoría de los empresarios siguen suponiendo erróneamente que el dinero es el principal motivador de los empleados; de ahí que sus métodos de incentivos resulten completamente ineficaces. Los investigadores han descubierto que el reconocimiento y el espacio para el crecimiento personal y profesional motiva mucho más que el dinero. En efecto, el dinero como máximo motivador no es sino una de tantas suposiciones equivocadas que merman la eficacia de las organizaciones.

Infringir las normas para divertirse y beneficiarse

Muchas empresas deben su éxito a su voluntad de desafiar las suposiciones y las normas predominantes de su sector industrial. Dado que la mayoría de las firmas carecen de la fortaleza de mente necesaria para poner en jaque el *statu quo*, las organizaciones e individuos que desarrollan nuevos métodos desafiando las normas disponen de innumerables oportunidades de éxito. Si observamos cualquiera de las compañías actuales que han alcanzado un gran éxito, nos daremos cuenta de que asumen riesgos, son diferentes y desafían las normas.

A continuación encontrarás dos ejemplos de individuos con empresas que se han beneficiado de su voluntad de desafío con respecto a las antiguas formas de hacer negocio:

¡Aquí no hay normas!
¡Estamos intentando hacer algo!
Thomas Edison

• Steven Nichols se empeñó en avanzar en la dirección opuesta e infringió las normas por las que se regían Nike y Reebok en el sector multimillonario de las zapatillas deportivas. Para las grandes compañías, el período medio de tiempo que se puede conservar un determinado modelo de zapatillas en el escaparate es de cuatro meses. Dichas firmas basaban su estrategia de ventas en cambios de modelos y de tendencia constantes para los adolescentes. Nichols, con su K-Swiss Company, multiplicó por siete su facturación entre 1986 y 1993 vendiendo modelos que no estaban sometidos a tantas alteraciones a un mercado más maduro de atletas de fines de semana y a entusiastas del tenis. A muchos minoristas les gustan sus zapatillas porque evitan tener que rebajar ininterrumpidamente un sinfín de modelos y sustituirlos por los de moda.

- Para diferenciar el jarabe para tos de su empresa del de la competencia, Frank Buckley decidió arriesgarse y romper una norma de publicidad según la cual no había que centrarse en los rasgos negativos del producto. El jarabe de W. K. Buckley Ltd. se inventó hace setenta años. Por aquel entonces, tenía un gusto repugnante, y hasta la fecha no ha mejorado en absoluto. A mediados de la década de 1980, las ventas de la compañía había caído hasta un 4% de la participación en el mercado relativa a los jarabes para la tos. Desafiando la sabiduría del marketing convencional, Frank Buckley decidió hacer un énfasis especial en su mal sabor en la campaña promocional del producto. En una valla publicitaria, por ejemplo, se podía ver el rostro enojado de Frank Buckley con el siguiente texto: «Siempre me despierto con la misma pesadilla: alguien me da a probar mi propia medicina». La campaña de Buckley ganó varios premios y las ventas del jarabe se incrementaron en un 16% en 1989, justo cuando las ventas del sector habían descendido un 1%. La participación en el mercado creció en un 6%.

> La creatividad es fruto de infringir las normas, diciendo que te has enamorado del anarquista.
>
> *Anita Roddick*

Romperás las normas al hablar

El presentador parecía frenético, andando de un lado al otro como una fiera enjaulada, se metía las manos en los bolsillos y las volvía a sacar, vociferaba, encadenaba una retahíla de palabras soeces y no vestía con la corrección con que hubiese debido hacerlo. Comenté la actuación de aquel orador con el presidente internacional de maestros de ceremonias durante 1989 y 1990, y me dijo que había infringido todas las reglas de los maestros de ceremonias excepto una: conectar con su público.

> Cuando el orador y la audiencia se confunden, la ponencia es profunda.
>
> *Oscar Wilde*

Tanto si eres un estudiante universitario como un director ejecutivo, es probable que tarde o temprano tengas que realizar alguna presentación ante un grupo. Si quieres que la conferencia sea eficaz, te aconsejo que aprendas las normas de la oratoria y que luego rompas tantas como puedas.

El ponente al que me refería era Tom Peters, coautor de *In Search of Excellence* y de otros muchos libros superventas. No siguió las normas, pero consiguió congregar un auditorio de mil quinientas personas en su conferencia de Vancouver. Se rumorea que sus ingresos anuales como conferenciante ascienden a cientos de millones de pesetas.

Una de las razones del éxito de Tom Peters reside en su creatividad. Ser creativo en cualquier proyecto significa desafiar y a veces romper tanto las normas escritas como las no escritas. Las normas están relacionadas con un proceso, y a menudo nos concentramos demasiado en seguir el proceso correcto en lugar de conseguir los resultados correctos.

> La mayoría de la gente se cansa a los diez minutos de conferencia; la gente inteligente lo puede hacer en cinco, y la sensible nunca asiste a una conferencia.
>
> *Stephen Leacock*

Cualquiera que haya leído un libro o asistido a un curso sobre cómo realizar presentaciones eficaces habrá encontrado múltiples normas para hacer bien las cosas. Muchas de ellas son perfectamente válidas —como directrices—, pero si se toman como órdenes inquebrantables pueden menoscabar tu rendimiento.

A continuación analizaremos siete normas que suelen proponer los especialistas que enseñan a hacer buenas presentaciones. Siempre infrinjo algunas de ellas y hasta la fecha nadie ha resultado «herido». En cuanto a las restantes, conozco a algunos conferenciantes que las infringen continuamente en su propio beneficio.

Norma 1: Hay que saber exactamente lo que se va a decir. Es importante disponer de un plan básico para cualquier discurso o presentación, aunque si te ciñes completamente a un plan preestablecido te puedes perder la oportunidad de descubrir algo nuevo. Con frecuencia, en los seminarios y conferencias universitarias dejo abierta a la improvisación una sección de mi presentación. Algunas de las actividades planificadas más valiosas que utilizo en la actualidad las descubrí espontáneamente mientras intentaba algo nuevo.

Norma 2: Hacer un intermedio cada hora. Transcurridos noventa minutos de un reciente seminario de tres horas sobre creatividad pregunté a los participantes si deseaban hacer un descanso. Sugirieron seguir adelante y tomar el café al terminar. No lo hicimos, pero los resultados fueron excelentes —en especial respecto a la infracción de la norma—. Si se ha generado un nivel de alta energía, no conviene echar a perder la inercia a media presentación simplemente porque el reloj marca las diez de la mañana y está previsto hacer un descanso. Los intermedios deben redundar en provecho de los asistentes; propón hacer un descanso cuando pueda beneficiarles.

Norma 3: Admitir los comentarios, pero no las discusiones. Aparentemente, el propósito de esta norma consiste en eliminar las situaciones desagradables. En efecto, los debates acalorados disgustan a algunas personas, pero a otras les entusiasman. «Me gustan las sesiones que desencadenan la liberación de adrenalina» decía un comentario en el formulario de evaluación del seminario que me indujo a romper la norma de «no a las discusiones». Ahora fomento los debates acalorados. Siempre parece haber más gente dispuesta a aceptarlos que a rechazarlos. Las discusiones vigorosas se deben moderar con sumo cuidado, aunque pueden hacer que una sesión sea mucho más atractiva para la mayoría de los participantes.

Norma 4: Dejar tiempo para las preguntas. Si eres el responsable de la formación de un grupo de individuos, ésta puede ser una norma acorazada, pero ¿qué ocurre si se trata de una conferencia? Son pocos los conferenciantes bien pagados que admiten evitar las preguntas porque no suelen ser demasiado hábiles respondiéndolas, aunque lo cierto es que el hecho de evitarlas no parece perjudicarles, sino todo lo contrario, es decir, que siguen siendo muy populares y se les contrata una y otra vez. Si quieres evitar el turno de preguntas, inténtalo. Desde luego, si a la audiencia le ha gustado la presentación, no tendrás ningún problema.

> No cobró nada por su sermón y además mereció la pena.
>
> *Mark Twain*

Norma 5: Utilizar los audiovisuales. Hace algunos meses, en una conferencia internacional, un experto en pensamiento esencial estuvo hablando durante una hora y media sin utilizar ningún medio audiovisual. Su ponencia fue una de las mejores que he oído jamás. También tuve la ocasión de ver a un conferenciante que no se movió del retroproyector durante los noventa minutos que duró su intervención. Para ser discreto, no diré que fue horrible, sino sólo mediocre. Muchos oradores, entre lo que me incluyo, tienen la costumbre de usar algunos audiovisuales para ilustrar su ponencia, pero esto no quiere decir que todos tengan la obligación de hacerlo.

Norma 6: No enojarse, y si es irremediable, disimularlo. En Norteamérica existe la peculiar creencia de que un conferenciante que se precie no debe enfadarse ni ser demasiado emotivo, aunque personalmente no estoy de acuerdo. Si tengo un buen motivo, dejo que la audiencia sepa cómo me siento. ¿Cuál es el beneficio de mostrarse emotivo frente al público? Enojarse hace saber a los presentes que me importa lo que estoy haciendo, y si me importa, a ellos también debe importarles.

Norma 7: No burlarse de nadie. En ocasiones bromeo acerca de determinados individuos y todo el mundo se divierte. Cuando alguien quiere llamar la atención durante una sesión, me centro en esa persona. Para ella, la atención negativa es preferible a ningún tipo de atención. De este modo, el individuo en cuestión está encantado de haber llamado la atención y el resto de los participantes también lo están al verme juguetear con el «memo» de turno. Mi objetivo consiste en que todo el mundo se sienta a gusto. Así pues, no se trata de mofarse de cualquiera de los presentes por el mero placer de ridiculizarle.

Como conferenciante profesional, la única norma que no deberías infringir jamás es la de conectar con el auditorio. Por muy bien que hagas las cosas, si no consigues conectar, todo será inútil. Intenta romper algunas normas para variar.

El pensamiento creativo es un ejercicio bobalicón

¡Kilroy no estuvo aquí!
Clem

Crecer puede ser perjudicial para la salud

La figura superior es uno de los misteriosos «Clem» que tuvieron su origen en el Reino Unido y que aparecieron en miles de lavabos de innumerables países. Mucha gente lo ha confundido con el legendario «Kilroy estuvo aquí», que también invadió los lavabos pero que, a diferencia del anterior, fue creado en Estados Unidos. Con los años, el nombre de Kilroy se ha asociado al diseño artístico de Clem y se ha extendido por los lavabos de toda Norteamérica, hasta el punto de que la mayoría de norteamericanos están convencidos de que Clem es Kilroy, cuando en realidad, Clem es Clem y Kilroy es Kilroy.

A estas alturas es probable que te estés preguntando qué relación tiene esta historia con el libro. ¡Ninguna en absoluto! Simplemente me gusta y necesitaba una forma creativa de despertar tu interés por este capítulo. Creí que sería un buen momento para ser ridículo, bobalicón e irrazonable. Por lo demás,

> Al hombre le fue concedida la imaginación para compensarle de lo que no es. El sentido del humor le fue concedido para consolarle de lo que es.
>
> *Horace Walpole*

siempre he deseado contarle a la gente esta futilidad acerca de Clem y Kilroy, que es de lo más intrascendente.

Oscar Wilde dijo: «La vida es demasiado importante como para tomarla en serio». ¿Hasta qué punto eres serio en tu vida? ¿Dedicas el tiempo suficiente a reír, jugar y comportarte como un loco? Si siempre mantienes un rictus de circunspección e intentas ser razonable, estás saboteando tu creatividad. Los individuos que son demasiado serios para divertirse casi nunca tropiezan con algo nuevo y asombroso.

> Busca lo ridículo en todo y lo encontrarás.
>
> *Jules Renard*

El juego reside en el corazón de la creatividad. Jugar y pasarlo bien son dos formas excelentes de estimular la mente. Al divertirnos, nos relajamos y nos dejamos llevar por el entusiasmo. En ocasiones, incluso podemos rayar el escándalo. Todos estos estados de la mente complementan el espíritu creativo.

Entre las décadas de 1960 y 1980 cientos de miles de personas mostraron una garra, un brío y un apasionamiento por la vida extraordinarios. Para algunas personas de la tercera edad, estar para el arrastre significa coger velocidad. Los ancianos que viven la vida a tope tienen una conciencia progresista e inteligente de lo vivos que están y han desarrollado ciertas características realmente sobresalientes.

Una de las más valiosas es su capacidad de maravillarse continuamente ante la vida, de disfrutar de cada arco iris, de cada ocaso, de cada luna llena. Veamos algunas de las demás cualidades que los participantes en mis seminarios enumeran en relación con las vibrantes personas de edad avanzada que conocen:

Independencia	Simpatía
Diversidad de intereses	Curiosidad
Creatividad	Locura o capacidad para actuar
Espontaneidad	alocadamente
Sentido del humor	Audacia
Picardía	Alegría
Energía	

Como observarás, aunque dichas características sólo se manifiestan en una minoría del grupo de personas de la tercera edad, también están presentes en otro grupo de edad: los niños. En otras palabras, la gente que se mantiene activa y sigue siendo feliz en los últimos años de la vida no necesita una segunda infancia, pues a decir verdad nunca ha abandonado la primera.

¿Te has preguntado alguna vez por qué son tan creativos los niños? Una de las razones principales es que saben jugar y divertirse. Acuérdate de cuando eras niño; jugando, aprendías, y es probable que aprendieras mucho más durante los momentos de solaz que durante los momentos más serios. Si quieres potenciar la creatividad, intenta reexperimentar el niño que hay en ti.

La creatividad requiere picardía, capacidad para soñar despierto y locura, tres factores que la sociedad desaconseja. Nos dicen que debemos «crecer», cuando lo cierto es que deberíamos ser capaces de ignorar lo que desea la mayor parte de la sociedad. Para ser más creativo hay que aprender nuevas formas de jugar con las cosas, con las palabras, con los rompecabezas, con las ideas y con la gente. ¡No hay que crecer! ¿Por qué? Pues porque al hacerlo, se deja de crecer.

No hay que tomar a broma el humor

A principios de la década de 1990, George Burns empezó a hacer los preparativos para celebrar su centésimo aniversario. Burns vivió más de un siglo debido en gran parte a la actitud positiva que le acompañó durante toda su existencia. Llenó la vida de humor, e indudablemente su salud se benefició de ello. Los investigadores están llegando a la conclusión de que reír a carcajadas varias veces al día tiene el mismo efecto que 16 kilómetros de *footing*. Otros estudios han confirmado que la risa y el humor son muy provechosos para atenuar el estrés derivado de un sinfín de situaciones de la vida diaria.

Además de resultar positivo para la salud, el humor constituye un excelente modo de desarrollar la creatividad. Los especialistas en creatividad han observado que a menudo las soluciones más deslumbrantes son fruto del humor. La seriedad oculta el flujo creativo. Cuando se está bajo un considerable estrés o encadenado a un estado de ánimo presidido por la seriedad, lo mejor que se puede hacer es leer un libro de chistes, buscar la compañía de alguien capaz de reírse de todo o comportarse alocadamente. Te sorprendería la cantidad de ideas creativas que empiezan a fluir.

Principio de la creatividad:

Diviértete y compórtate alocadamente

Hace varios años, se sometió a un test de creatividad a un grupo de estudiantes de instituto. Se formaron dos grupos iguales. Uno de ellos disfrutó de lo lindo escuchando una grabación humorística media hora antes de iniciar el test, mientras el otro permanecía media hora en silencio. Al realizar la prueba, los estudiantes del primer grupo obtuvieron un resultado mucho más positivo que los del segundo.

El humor y la risa abren las puertas del intelecto. Reír hace ver las cosas de un modo inusual, ya que altera el estado de la mente. Poco importa equivocarse o ser poco práctico. Lo que realmente cuenta es ser alocado, pues esto es al fin y a cabo lo que desencadena el flujo de soluciones creativas.

Introducir el humor en el trabajo constituye una forma de estimular la creatividad. Cuando se afronta un problema con humor, se es más capaz de romper las normas. Hacer frente a las situaciones difíciles con desenfado abate las defensas y abre las cerraduras de la mente, lo cual redunda en respuestas más innovadoras y emocionantes. Los directivos deberían fomentar la introducción del buen humor entre sus empleados en todas las cuestiones importantes que surgen en el lugar de trabajo.

Ejercicio 12-1. Abreviaturas para distender la mente

¿Por qué no te diviertes un poco antes de tu próxima reunión en la oficina? La diversión coloca a todo el mundo en un estado mental más positivo. Intenta resolver un rompecabezas o juega un poco. Las abreviaturas siguientes se refieren a relaciones y asociaciones que siempre deberías tener presente. Diviértete un poco con ellas antes de afrontar un asunto importante, y luego enséñaselas a tus compañeros para que hagan lo mismo antes de asistir a la próxima reunión.

> Un corazón desenfadado vive muchos años.
>
> *William Shakespeare*

Ejemplos:

24 H = 1 D (24 horas = 1 día) SN = BN (Sin Noticias = Buenas Noticias)

1. 4P = O
2. BMW + MB + P + J = A
3. 100 CM = 1 M
4. S + O + E + N = 4 D
5. PN ≠ PS
6. 50 E = EEUU
7. 10 D = 1 S
8. 1 S + 3 S = 1 M
9. LA + SF + SD están en C
10. JFK + RN + RR fueron P de Estados Unidos

11. H, Y, M y SPLHCB son canciones de LB
12. Vale + PEM que CV
13. RM quien RU
14. 1 A + 1 D = 11 A
15. MJ es el cantante de los RS
16. Detrás de un GH siempre hay una GM
17. JC nació el día de N
18. LL, V, V
19. 5 A = 1 L
20. LV + EM + EABC + EP = P
21. J + P + G + R = LB
22. 1 AL + 2 AL = 3 AL
23. EJ + RS + M + MJ = C
24. EL + PB están en NY
25. 24 M = 2 A

> Quien ríe, llega a viejo.
>
> *Mary Pettibone Poole*

(Véase Anexo, p. 211, solución al n.º 1 y pistas para los demás.)

Más *graffiti* para limpiar la mente

Con todas las barreras a las creatividad que existen en nuestra sociedad, mucha gente cree que el único sitio donde puede ser creativo es en los lavabos. Muchos de los *graffiti* que escriben son realmente creativos. Veamos otras dos páginas a modo de ejemplo. Compártelas con tus compañeros de trabajo antes de la próxima reunión. La creatividad de tu grupo está en juego.

DIOS HA MUERTO.
(El mío está vivo; lamento profundamente lo del tuyo.)

EL 58% DE LAS MUERTES SON FATALES.

En esta ciudad, cada sábado noche de esta semana hay baile.

¿Qué harás cuando venga Jesús?
(Poner a Gretzky de extremo derecho.)

NO HAY NADA COMO LA GRAVEDAD. LA TIERRA SUCCIONA.

Lassie mata a las gallinas.

María tuvo un corderito. ¡Menuda sorpresa se llevó!

Apuesto a que podría dejar de apostar.

LOS QUINTILLIZOS DE DIONNE: UNA ESTAFA. CINCO PAREJAS ACUSADAS DE CONSPIRACIÓN.

Se detuvo un taxi libre y se apeó Ronald Reagan.

ORVILLE TENÍA RAZÓN.

No tengo prejuicios. Odio a todo el mundo por igual.

EL TIEMPO ES LA FORMA QUE TIENE LA NATURALEZA DE EVITAR QUE TODO SUCEDA AL MISMO TIEMPO.

¿PUEDE UN AZUL («BLUES») CANTAR «BLANCOS»?

EL AHORCADO NOS DEFRAUDÓ.

Mi complejo de inferioridad no es tan bueno como el tuyo.

Escribí en esta pared porque la pusieron aquí.

Descubrir es algo muy superficial.

La pensión alimenticia es como comprar heno para una vaca muerta.

A Mona Lisa le tendieron una trampa y la encerraron en un marco.

EL POLLERO TIENE PICO DE AVE.

Si tardas un siglo en hacerlo, no alardees de tu éxito al terminar.

CON LA ESQUIZOFRENIA NUNCA ESTARÁS SOLO.

El diccionario Thesaurus de Roget domina, regula, rige, asesora y controla adecuadamente.

DIOS TE AMA
(Dios no te amará por atentar contra la propiedad ajena escribiendo en ella.)

La esquizofrenia rige el mundo. ¡De acuerdo, de acuerdo!
El caballo de vapor rige el mundo. ¡Relincho, relincho!

¿La dislexia nos acecha? ¡Clora euq on!

RECIÉN PINTADO
(No es una orden.)

La hipocondría es la única enfermedad que no tengo.

Me gustan las chicas.
(fue corregido de la forma siguiente:)

¡La chicas estúpidas querrás decir!
(y corregido de nuevo:)

Y nosotras ¿qué? ¿Acaso no tenemos nada que decir?

ORDENA LAS SIGUIENTES PALABRAS PARA QUE FORMEN
UNA FRASE O REFRÁN MUY CONOCIDO:
DENTRO MEA

NUNCA FUI CAPAZ DE TERMINAR NADA, PERO AHORA...

Esta pared pronto se publicará en cartoné.

LA CLARIVIDENCIA HA MUERTO.

Sabía que escribirías esto.

El cero absoluto es mucho frío.

¡VUELVE A PELAR EL PLÁTANO!

¡Kilroy estuvo aquí! Yo no.
—firmado Kilroy

Si una idea no parece
extraña, no triunfará.

Niels Bohr

¿Cómo puedes utilizar el humor con seriedad?

He ahí un ejemplo de cómo el humor me ayudó a comercializar mis libros y seminarios. Después de publicar mi primer libro, me devolvieron alrededor de veinticinco ejemplares defectuosos —la cubierta estaba doblada o faltaban páginas—. Los llevé de nuevo al impresor esperando que me reembolsara su importe. Pero el hombre me dijo que ya me había dado ochenta ejemplares más de los que había pagado. No quería tirarlos y decidí guardarlos.

Un día fue a ver a Lance, un antiguo compañero de trabajo, y salimos a tomar un café, pues ardía en deseos de que le contara cómo me las había ingeniado para publicar el libro. Durante la charla le mencioné que tenía unos cuantos ejemplares defectuosos que quería restaurar. Lance, bromeando, dijo: «Mándaselos a gente que no te caiga bien». Cuando alguien dice algo bobo o alocado, no puedo reprimir el impulso de superarlo. De manera que respondí: «Puedo hacer algo mejor que eso; cortarlos por la mitad y mandar la parte superior a unos y la inferior a otros».

Aquella noche no pude dormir, y no pude hacerlo porque no había aplicado uno de mis principios fundamentales de la creatividad: anotar todas las ideas. Me levanté y escribí: «Cortar los libros por la mitad y enviarlos a la gente» de mi agenda negra. Una semana más tarde estaba pensando en cuál sería el modo más apropiado de despertar un mayor interés en las empresas por mi libro y mis seminarios. No quería mandar más ejemplares gratuitos hasta obtener una respuesta satisfactoria. Se me ocurrió mirar en la agenda negra y vi: «Cortar los libros por la mitad y enviarlos a la gente».

Y eso fue exactamente lo que hice. Primero, acudí a mi impresor y le pedí que los cortara por la mitad. Luego, redacté la carta que he transcrito más abajo. Como es lógico, mi emisión de juicios entró en juego e intenté convencerme de que era una idea «tonta» que no podía funcionar y que en nada beneficiaría a mi imagen. Sin embargo, después de un cierto análisis MMI, decidí ser irrazonable y seguir adelante. Tenía la seguridad de que más de uno pensaría que estaba loco o que era muy poco profesional, pero también era consciente de que muchos me recordarían. Tenía una extraordinaria curiosidad por saber cómo respondería la gente al recibir la mitad superior o inferior de mi libro. He de confesar que mientras metía los medios libros en sus correspondientes sobres, me sentí un poco estúpido. Al final, aquella simplona promoción dio resultados.

Sr. Richard Strass
Capital Credit Corporation
Toronto, Ontario, M4W 1E6

Apreciado Sr. Strass:

Acaba de recibir la mitad de mi libro *The Art of Seeing Double or Better in Business.*

¿Por qué le mando medio libro?, se preguntará. Tuve dos problemas: en primer lugar, algunos ejemplares salieron defectuosos de imprenta y quería usarlos para algo más que para llenar el cubo de la basura; y en segundo lugar, necesitaba atraer su atención de algún modo sobre mi libro y mis seminarios.

De manera que decidí ser creativo. Cortando los libros por la mitad resolví ambos problemas. Primero, encontré un uso a los ejemplares defectuosos. Segundo, con la gran cantidad de material que suele recibir, medio libro ha despertado más su interés de lo que lo habría hecho cualquier otro dispositivo de marketing convencional.

Casualmente, la creatividad es la base de *The Art of Seeing Double or Better in Business*, que escribí para ayudar a la gente y las organizaciones a ser más innovadoras. Con el fin de incrementar la productividad, muchas compañías están obsequiando a sus empleados con un ejemplar de este libro, e innumerables emisoras de radio, entidades de crédito, consejos escolares, asociaciones profesionales y universidades lo han comprado en grandes cantidades.

El libro sólo se puede conseguir contratando mis seminarios o mediante pedidos mínimos de diez ejemplares (a partir del 1 de julio, veinte). Le incluyo la lista de precios y una hoja de pedido, así como información sobre los seminarios.

Saludos cordiales.

Ernie J. Zelinski

El envío de medios libros con la carta anterior supuso varios pedidos de diez libros, a los que siguieron algunas ventas de doscientos ejemplares, además de diversos seminarios para un cliente. Lo cual me supuso unos ingresos extra nada desdeñables. También conseguí mucha publicidad gratuita en artículos de periódicos, que se tradujeron en otros tantos seminarios y ventas. En realidad, considerando los beneficios que había generado aquella idea loca, descubrí que incluso vale la pena cortar por la mitad ejemplares del libro en perfecto estado.

Existen razones para ser irrazonable

La sociedad y nuestras instituciones educativas nos enseñan a ser razonables y prácticos. Ser razonable y práctico es una buena alternativa cuando se trata de no hacer nada estúpido, como saltar al vacío desde un acantilado. El problema estriba en que la sociedad quiere que seamos «razonables» de una forma que obstaculice por completo nuestra creatividad.

Albert Einstein dijo: «Los grandes espíritus siempre han encontrado una violenta oposición en las mentes mediocres». Al considerar algo nuevo y diferente, no hay que mirar demasiado lejos para distinguir a alguien que nos tilda de irrazonables.

Principio de la creatividad: Sé irrazonable

157

Hay que estar en guardia y descartar la razón. Después de todo, seguir la razón de los demás ha arruinado los planes de mucha gente.

Para crear algo que influya decisivamente en el mundo también hay que aprender a desafiar la propia razonabilidad. Recuerda que la emisión de juicios puede ser el enemigo letal de nuestros planes. Si lo que pretendemos es tener éxito en los proyectos creativos, deberíamos someter a un constante desafío nuestros propios motivos para no hacer algo.

Personalmente me he dado cuenta de que «ser irrazonable» es algo que se puede hacer a diario. Cuando choco con mi emisión de juicios o con la de un tercero, procuro navegar a contracorriente —contra la razón predominante—. Como he podido observar, ser irrazonable propicia la ocurrencia de sucesos asombrosos y reconfortantes.

En una ocasión decidí ser irrazonable y hablar con un catedrático que me había dado una calificación mucho más baja de la que creía merecer en un examen parcial. Lo que realmente hizo irrazonable mi decisión fue comprobar que por lo menos otros cuatro estudiantes habían ido a verle por la misma razón. Se puso a la defensiva y se negó ni siquiera a tomar en consideración la posibilidad de subirles la nota. Pero mi irrazonabilidad tuvo su recompensa. Me limité a hacer las cosas de un modo ligeramente distinto. No le hice quedar mal diciéndole que me había calificado injustamente, sino que opté por otra estrategia: «Me hice un lío en el último examen, lo cual me impedirá tener una buena nota final este curso y perderé mi beca. ¿Qué haría usted si estuviera en mi lugar?». El catedrático respondió quitando peso al examen parcial y otorgando una mayor importancia al final. Terminé con sobresaliente y mi beca.

> Un hombre razonable nunca conseguirá nada.
>
> *proverbio norteamericano*

Ser razonable y tener un día irrazonable

La sociedad y nuestras instituciones educativas nos han programado para ser razonables. El problema radica en llegar a ser demasiado razonables. La emisión de juicios etiqueta inmediatamente muchas ideas de «irrazonables», cuando en realidad pueden tener un mérito extraordinario. Ser irrazonable y hacer lo que a los demás nunca se les ocurriría puede generar espléndidos resultados. Compruébalo tú mismo en los dos ejemplos siguientes.

En 1989, Jane Berzynsky, residente en Tennessee, leyó un artículo sobre el cuarto divorcio del actor Bob Cummings en una revista, decidió ser irrazonable y le escribió, a pesar de que no conocerle personalmente ni haber hablado nunca con él. En su carta, en la que incluyó una fotografía, le decía que estaba disponible por si deseaba considerar la posibilidad de relacionarse con ella. Cummings, que era Géminis, consultó con su astrólogo los pros y los contras de su signo con el de Berzynsky, que era Acuario. Luego, la invitó a reunirse con él en Los Ángeles. Jane Berzynsky se acabó convirtiendo en la quinta esposa de Bob Cummings simplemente porque quiso hacer algo que la mayoría de la gente consideraba irrazonable.

En abril de 1995, el locutor de radio Pierre Brassard, de CKOI-FM, en Montreal, también hizo algo totalmente irrazonable. Llamó al Vaticano con la esperanza de poder hablar con el papa Juan Pablo II. Incluso una alta jerarquía cardenalicia en Montreal manifestó que ni siquiera a él se le ocurriría intentar algo así. Al final, la telefonista de la emisora logró que el papa se pusiera al teléfono recurriendo a un pequeño engaño (la muchacha prefiere denominarlo «creatividad»): dijo que Brassard era Jean Chretien, el primer ministro de Canadá.

> Brindemos por la locura y por los sueños, pues son las únicas cosas razonables.
>
> *Paul-Loup Sulitzer*

La conversación telefónica en francés entre Brassard y el papa se prolongó por espacio de dieciocho minutos. Parecía una charla insustancial que no iba a conducir a ninguna parte, pero en un momento determinado, Brassard preguntó al pontífice cuándo pensaba comprar una hélice para su solideo, aunque él no pareció comprender la pregunta. Todos los periodistas de los medios de comunicación norteamericanos envidiaron la gesta de Brassard. Otras muchas emisoras radiofónicas intentaron conseguir una entrevista con el papa, pero fue en vano. Los productores de TNN y *Late Night with David Letterman* acabaron llamando a la CKOI-FM y solicitando una cinta de la conversación entre Brassard y Juan Pablo II.

Todos somos víctimas de nuestra emisión de juicios, la parte racional que habita en nuestro interior y que siempre está dispuesta a saltar y destruir una idea antes de que haya tenido la oportunidad de florecer. La cantidad de buenas ideas que no tienen la menor ocasión de aflorar a la superficie es infinita. Creemos descubrir algo negativo en ellas y las descartamos de inmediato, aunque el supuesto contrario también es aplicable: podemos aceptar automáticamente una idea sin analizar todos sus aspectos negativos. La emisión de juicios clasifica las cosas como blancas o negras, y pasamos el 95% del tiempo juzgando a la gente y los hechos y catalogándolos de positivos o negativos, de verdaderos o falsos.

Si instauras un día cualquiera de la semana como tu «día irrazonable» y te dedicas a desafiar tu emisión de juicios durante sus veinticuatro horas, descu-

159

brirás que la vida es diferente. Yo he elegido los jueves. Con todo el éxito que he tenido programando entrevistas que inicialmente creía que nunca iba a conseguir y llegando a conocer a personas a las que jamás hubiese pensado poder aproximarme a menos de diez metros, me he dado cuenta de que es muy razonable ser irrazonable. Veamos algunas de las cosas irrazonables que podrías hacer en tu día irrazonable:

> Ningún alma excelente está exenta de una mezcla de locura.
>
> *Aristóteles*

- Si conoces a alguien que tenga un cargo crucial para tus intereses y te gustaría hablar con él, llámale por teléfono en tu día irrazonable.

- Sorprende a la persona que hayas elegido con un obsequio completamente insólito.

- Dile algún cumplido al cajero/a del colmado o de los grandes almacenes.

- Aprende a ir en contra de la tendencia dominante en todo lo que intentes hacer.

¿Qué hay de malo en hacer preguntas tontas?

El pensador francés del siglo XVII Blaise Pascal estaba convencido de que la única razón por la que la gente siempre está haciendo algo es para evitar pensar, lo cual podría ser debido a que la mente del ser humano no está en condición de hacerlo. Pascal creía que, evitando pensar, el individuo evitaba la condición humana, caracterizada por la incoherencia, el aburrimiento y la ansiedad.

Trabajamos en casa, reparamos el automóvil, engrasamos la bicicleta y cuidamos de nuestra forma física —algunos, no todos— con regularidad. Pues bien, acondicionar la mente con regularidad puede resultar tan beneficioso como acondicionar el cuerpo. Son innumerables las personas que se mantienen en una excelente condición física, pero el estado de su mente deja mucho que desear. La capacidad de pensar crítica y creativamente suele estar muy poco desarrollada.

> Cuando haces una pregunta tonta, obtienes una respuesta inteligente.
>
> *Aristóteles*

Jean-Paul Sartre dijo: «La existencia es absurda». Tal vez no toda la existencia sea absurda, pero lo cierto es que una buena parte del comportamiento humano es extremadamente absurdo, y uno de los motivos por los que lo es estriba en que la gente nunca se para a pensar y cuestionar su conducta formulándose preguntas tontas —o inteligentes—. No ana-

160

lizamos por qué estamos haciendo o pensando cosas que se podrían considerar bobas o insustanciales.

De niños nos hacíamos muchísimas preguntas tontas. Éramos curiosos y nos maravillaba el mundo. De adultos, deberíamos continuar desafiando a nuestra mente con lo nuevo y lo misterioso, formulándonos preguntas rematadamente tontas, si quieres, que a menudo son mucho más penetrantes que las ingeniosas.

Si seguimos haciéndonos una pregunta tonta al día, como mínimo, en nuestro almacén de cosas asombrosas no cabrá un alfiler. Es imposible saberlo todo en este mundo, aunque más de uno se empeñe en ir de erudito por la vida. En realidad, las mentes tontas tienen una respuesta para todo, mientras que las inteligentes se formulan preguntas tontas con regularidad.

> No soy una máquina de responder, sino una máquina de preguntar. Si tenemos todas las respuestas, ¿por qué estamos sumidos en semejante caos?
>
> *Douglas Cardinal*

Una de las mejores formas de practicar la irrazonabilidad consiste en hacer preguntas al azar de tipo «¿qué ocurriría si...?». Aunque te parezcan absurdas o irrazonables, pueden conducir a algunas conclusiones muy interesantes.

Un día, en la década de 1930, Sylvan N. Goldman, director de un supermercado de Oklahoma City, iba andando hacia el trabajo cuando vio dos sillas plegables en el jardín de una casa, una frente a la otra, e inmediatamente pensó: «¿Qué ocurriría si las juntara, colocara un listón de madera en los asientos, añadiera más madera en los laterales y les instalara ruedas? Dispondría de una cesta gigante con ruedas que constituiría una excelente alternativa a las típicas cestas de la compra que cuando están llenas pesan lo suyo y que las clientas tienen que acarrear hasta la caja sudando la gota gorda». Gracias a aquella importante pregunta de qué-ocurriría-si y a su posterior desarrollo, el 4 de junio de 1937 Goldman introdujo el primer carro de la compra con ruedas para supermercados.

Mediante las preguntas qué-ocurriría-si, la gente creativa ha inventado cosas que hoy en día todos consideramos como algo normal y corriente. El teléfono, el automóvil, los limpiaparabrisas, las sujeciones con velcro, las patatas fritas y el bolígrafo esferográfico jamás se habrían descubierto si sus respectivos inventores no se hubiesen formulado preguntas qué-ocurriría-si. Veamos algunos ejemplos:

- ¿Qué ocurriría si comercializáramos nuestro producto asociándolo a algo que no guarde ninguna relación con él?

161

- ¿Qué ocurriría si invitáramos a nuestros principales clientes a la fiesta de Navidad de la empresa?

- ¿Qué ocurriría si me tomara un año sabático para viajar al extranjero?

- ¿Qué ocurriría si saliera de casa cinco minutos antes para ir al trabajo?

Una mente creativa es una mente activa, y una mente activa siempre está haciendo preguntas. El único modo de conseguir que la mente desarrolle y descubra ininterrumpidamente nuevas formas de pensar consiste en utilizar un sistema de interrogación activo. Cuestionarnos nuestros valores, nuestras creencias y por qué hacemos las cosas tal y como las hacemos debería formar parte de nuestra rutina diaria. Sócrates, un gran pensador de su tiempo, animaba a sus alumnos a cuestionarlo todo, incluyendo lo que él les enseñaba. Usa la mente de forma activa para que pueda desbocarse. ¡Úsala o resígnate a ser uno más del gran rebaño humano!

CAPÍTULO
13

Tómate las cosas con calma

Deja para mañana lo que puedas hacer hoy y sé más creativo

Una de las mejores formas de ser más creativo consiste en reducir la marcha y tomarse el tiempo necesario para hacer determinadas tareas. Tomarse las cosas con calma contribuye a aumentar la productividad. Incluso dejar para mañana lo que se puede hacer hoy tiene sus ventajas. En efecto, aplazando las cosas se puede ser más eficaz. Este capítulo trata, en cierto modo, del arte de la postergación.

Intenta resolver el siguiente ejercicio para evaluar tu creatividad.

Ejercicio 13-1. El doble de peces, pero el mismo cuadrado

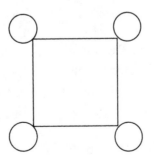

> Quien más espera, más seguridad tiene de ganar.
>
> *Helen Hunt Jackson*

La señora Colleen Waller, una adinerada mujer de negocios, tenía un bonito estanque cuadrado para peces en su finca de Toronto. En cada esquina había un estanque circular más pequeño con lirios de agua. Colleen quería duplicar las dimensiones del estanque de peces para poder tener el doble de peces, pero no quería tocar los lirios. Tampoco deseaba cambiar la forma del estanque, que tenía que seguir siendo cuadrado, y los miniestanques de lirios debían permanecer siempre fuera de su perímetro.

Se lo comentó al jardinero y éste le dijo que era imposible y que habría que mover los cuatro estanques de lirios. ¿Cuántos moverías tú?

Resuélvelo en treinta segundos.

¿A qué conclusión has llegado? ¿Has conseguido dejar por lo menos un estanque de lirios en su sitio? Lo ideal sería no mover ninguno. Se puede conseguir y no es tan difícil como parece (véase el Anexo, p. 212). ¿Has encontrado la solución? Si no es así, ¿por qué? Es posible que no te haya dado el tiempo suficiente para hacerlo. Más tiempo te hubiese dado la oportunidad de «ver la luz».

Su Señoría, los miembros del jurado solicitan el resto del verano para reflexionar.

Suele ser muy frecuente abordar un problema con menos tiempo del necesario, lo cual genera, en el peor de los casos, soluciones totalmente inviables, y en el mejor, carentes de eficacia. Hay que acostumbrarse a destinar más tiempo a la generación de ideas, evitando el análisis precipitado de las situaciones conflictivas. Más tiempo, entendiendo por «más» el «suficiente», casi siempre se traduce en un mayor número de soluciones, y eso requiere demorar la toma de decisiones.

Postergar la acción sobre un determinado problema es crucial para generar soluciones creativas. Muy a menudo nos apresuramos a resolver un problema cuando lo que en realidad deberíamos hacer es esperar. Muchos problemas y situaciones complejas no son tan urgentes como nos empeñamos en creer. Sopesa detenidamente cada problema y si llegas a la conclusión de que no es urgente, tómate el tiempo necesario para que la mente pueda jugar y darle vueltas. Ten paciencia, las soluciones fluirán espontáneamente cuando llegue el momento.

Ejercicio 13-2. ¿Eres capaz de recordarlo?

Imagina que te han encargado la planificación de una reunión de todos tus ex compañeros de clase de primero a cuarto cursos. ¿Cuántos nombres puedes recordar en los próximos cinco minutos?

¿Cuántos has recordado? ¿Entre diez y veinte? ¿Cuántos compañeros tuviste en aquellos cuatro años? Algunos se marcharon y otros se incorporaron. Es probable que hayas olvidado el nombre de algunos de ellos. Si dedicas el resto del día a pensarlo, es evidente que te vendrán a la memoria unos cuantos más, incluso cuando estés pensando en otras cosas. Al finalizar el día, alrededor del 60% de todos ellos figurarán en tu lista.

> Al igual que el vino joven, las ideas deberían dejarse en la bodega y no consumirse hasta que hubiesen tenido el tiempo suficiente para fermentar y madurar.
>
> *Richard Strauss*

Si continúas el día siguiente, conseguirás recordar más nombres, y al igual que el día anterior, algunos de ellos surgirán espontáneamente mientras realizas otras tareas. A los dos o tres días, tu lista se habrá incrementado hasta incluir a la práctica totalidad de tus ex compañeros de clase.

Aplazar las decisiones para incubar las ideas es casi lo mismo que pensar en tus ex compañeros de clase durante un período de tiempo más o menos largo. La mente inconsciente tiene la oportunidad de generar más ideas que si se intenta concebir todas las soluciones posibles en dos segundos. Las ideas súbitas generadas en un período de tiempo limitado suelen ser fruto de procesos intelectivos estructurados y racionales, mientras que la incubación durante un período de tiempo más largo supera las restricciones de la toma de decisiones a corto plazo.

Intenta hacer el ejercicio siguiente en dos minutos.

Ejercicio 13-3. Cuando se rompe la cadena de exigencias

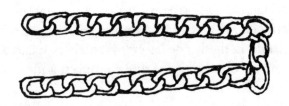

Una banda de ladrones roba la limusina y casi todas las pertenencias de un acaudalado hombre de negocios y su chófer. Lo único de valor que le queda es una cadena de oro de veintitrés eslabones. El hombre es demasiado anciano para recorrer largas distancias a pie, de manera que se dirige al hotel más próximo y envía al chófer a buscar más dinero y un coche nuevo. El chófer tardará veintitrés días en conseguir el dinero, el automóvil y regresar. Entretanto, el propietario del hotel exige al hombre de negocios que le entregue un eslabón de oro cada día como garantía del futuro pago, pero éste no está dispuesto a darle más eslabones que los equivalentes al número de noches que permanezca en el hotel y desea recuperar la cadena habiendo cortado el menor número de eslabones posible. ¿Qué deberá hacer para entregar al hotelero un eslabón diario pero cortando el menor número de eslabones posible?

Si hicieras lo que hace la mayoría de la gente a la que planteo este ejercicio, decidirías cortar eslabones alternos (segundo, cuarto, sexto, etc.). De este modo, sólo habría que cortar once. Pero existe una solución que permite practicar menos de once cortes. Si te lo tomas con calma y enfocas el problema desde otras perspectivas es posible que la descubras. Inténtalo. Volveremos a este asunto un poco más tarde.

Principio de la creatividad:

Demora tus decisiones

Incubar significa dejar cocer el problema a fuego lento para poder dedicarse a otras cuestiones mientras borbotea poco a poco en el subconsciente. Al erradicar la implicación directa con el problema, suspendemos la emisión de juicios y nos permitimos el lujo de que pueda pasar a través de diversos estados de la mente. A su debido tiempo, empezarán a aflorar las soluciones, muchas veces en el momento más inesperado, y dado que surgirán de la nada, es importante anotarlas, pues de lo contrario se corre el riesgo de olvidar excelentes alternativas.

Disponer de más tiempo para meditar redunda en una mayor experiencia perceptiva. Las asociaciones con otros estimulantes generan nuevas perspectivas que se experimentan cuando nos apresuramos a resolver el problema sin la debida reflexión, evitando la rigidez de las etapas iniciales y dando como resultado nuevas y más amplias observaciones que conducen a ideas interesantes y en ocasiones incluso asombrosas.

Al resolver el ejercicio 13-3 puedes dar por buena la idea de que hay que practicar once cortes. No obstante, si decides tomártelo con más calma, es probable que descubras una alternativa mejor. En efecto, si dejas cocer el problema en el fuego lento de la mente, mañana o quizá pasado, cuando menos lo esperes —¡eureka!— puede surgir espontáneamente. Imagina que estás en una tienda comprando un artículo de cuatrocientas pesetas con un billete de mil y que el dependiente te devuelve seiscientas pesetas en

La paciencia es el arte de ocultar la impaciencia.

Un sabio anónimo

monedas de cien. Podrías asociar esta transacción al problema del hombre de negocios y la cadena de oro. ¿Adónde nos lleva todo esto?

¿Por qué no hacer extensivo este tipo de transacción al anciano millonario y al propietario del hotel, aunque usando eslabones de oro en lugar de pesetas? (Pista: ¿Acaso está obligado el hombre de negocios a entregar un eslabón diario? ¿No puede entregar tres unidos, por ejemplo, y recibir el «cambio», dos eslabones sueltos? ¿Qué sucedería entonces? Juega con el problema y busca una solución mejor. ¿Quieres saber cuál es la óptima? ¡Dos cortes! Veamos si eres capaz de adivinar qué dos eslabones habrá que cortar.)

En la mayoría de los problemas se pueden establecer diversas asociaciones con objetos que no guardan la menor relación con ellos durante la etapa de incubación. Esto puede desembocar en múltiples respuestas positivas, aunque lo cierto es que también se puede plantear un nuevo problema: elegir la mejor respuesta entre las diferentes alternativas que se han generado. A decir verdad, cualquiera firmaría por tener ese problema.

> Algún día, dejar para mañana lo que se puede hacer hoy gobernará el mundo.
>
> *Graffiti*

Encuentra soluciones más asombrosas ralentizando el paso

Disciplinarse para no apresurarse a resolver un problema constituye la primera etapa en la búsqueda de soluciones demoledoras. Esto requiere la suficiente fortaleza mental para autoconvencerse de que el mundo no se acabará si no se toma hoy una decisión. Algunos problemas se deben resolver con urgencia; otros no. Si dispones de tiempo adicional, estarás en camino de encontrar una respuesta más acertada. Ya hemos visto hasta qué punto tomarse el ejercicio 13-3 con tranquilidad puede conducir a una solución más depurada (véase Anexo, p. 212, para la solución exacta).

La única forma consciente de encontrar mejores soluciones consiste en reflexionar durante varios días sobre el problema. Veamos ahora algunos preparativos eficaces para dejar que la mente subconsciente trabaje para encontrar una solución innovadora:

> Una historia debe borbotear en su jugo durante meses o incluso años antes de estar lista para servir.
>
> *Edna Ferber*

- Escribe el problema en varias tiras de papel y distribúyelas por diferentes lugares para tenerlas a la vista de vez en cuando. Pon una en el maletín, otra en el botiquín, otra en el salpicadero del coche, otra en el escritorio, etc. De este modo te acordarás del problema cuando menos te lo esperes.

- Medita el problema mientras practicas actividades físicas (andar, hacer deporte, limpiar la casa o empapelar una pared) y susúrralo al afeitarte o maquillarte.

- Ten presente el problema mientras sueñas despierto en la oficina o descansas en el sofá.

- Piensa en el problema al levantarte de la cama por la mañana y luego olvídalo durante un rato.

Es importante destacar que no tienes que preocuparte de tu problema día y noche, sino pensar en él de vez en cuando, conscientemente, confiando en que la respuesta aparecerá a su debido tiempo.

Si transcurridos varios días de reflexión consciente encuentras la solución, ¡misión cumplida!, y si no, deja de pensar conscientemente en el problema que tienes entre manos y déjalo borbotear en la mente subconsciente durante un período de tiempo adicional. No te impacientes. Al final, las respuestas siempre acaban surgiendo como por arte de magia —la primera, la segunda, la tercera y... ¡la cuarta!, ¡ésta es la que estabas esperando!

Persiste y llegarás a ser un genio

Un genio no es más que un persistente camuflado

A lo largo de este libro he hecho un énfasis muy especial en diversos principios de la creatividad y otros factores esenciales para conseguir la satisfacción en la vida. El único principio que no he analizado en profundidad es tan importante como cualquiera de los que ya hemos mencionado. Los dos ejemplos siguientes se refieren precisamente a este último principio de la creatividad: «Sé persistente».

¿Conoces alguno de estos nombres? El capitán Betts, Willie Delight, Jed Jackson, Buddy Links, Jimmy Malone y Willy Williams. Son los nombres escénicos que usó Georges Burns en las etapas iniciales de su carrera como actor cómico de vodevil. Burns confesó que sus obras eran tan horribles que a menudo tenía que cambiar de identidad para que volvieran a contratarle. Sin embargo, su persistencia se vio recompensada; al final dio con una que encandiló a la gente y se convirtió en una estrella.

> Si al principio no tienes éxito, formas parte de la media.
>
> *Un sabio anónimo*

Se cuenta que Thomas Edison realizó centenares de experimentos antes de desarrollar la bombilla eléctrica. Después de casi quinientos ensayos, su ayudante le preguntó: «¿Por qué persistes en semejante locura? Lo has intentado quinientas veces y has fracasado quinientas veces». Edison le respondió: «¡En absoluto! No he tenido ni un solo fracaso. Ahora conozco quinientas formas de no construir una bombilla».Como es natural, su persistencia dio fruto: una maravillosa bombilla eléctrica.

El poder de la persistencia es extraordinario, y lo sé por experiencia propia. En la actualidad, se venden decenas de miles de mis libros en Estados Unidos y Canadá, y doy alguna que otra conferencia de media hora por dos mil dólares más gastos —aunque a veces declino determinados compromisos lucrativos para no menoscabar mi tiempo libre, que considero primordial—, si bien es verdad que hace apenas cinco años hubiese estado encantado de compartir contigo una buena parte de la información contenida en mis conferencias y en mis libros por el módico precio de cero dólares. En realidad, incluso te hubiera invitado a una cena de postín con tal de tener a alguien que me prestara atención; estaba desesperado por poner a prueba mi material.

Principio de la creatividad:

Sé persistente

Recuerdo que, hace algunos años, me encontraba en un restaurante con un grupo de conocidos discutiendo de lo que había que hacer para tener éxito en la vida. Cuando expuse mi filosofía de la creatividad y de lo que constituye la seguridad en la vida, mis contertulios me dijeron que estaba loco de remate y que era un poco raro. Al obtener el MBA en la Universidad de Alberta, desafié a los académicos a modificar aquel programa de estudios desfasado e introducir cursos de creatividad. La mayoría de los estudiantes y profesores creyeron que estaba como una regadera o, en el mejor de los casos, que vivía en otra dimensión del espacio y el tiempo.

A pesar de las críticas que he recibido durante estos últimos años, he sido capaz de mantenerme fiel a mi propia filosofía y sacar el máximo partido de ella. Uno de los principales motivos de mi entusiasmo por la vida reside en que disfruto haciendo lo que hago para ganarme el sustento diario. Asimismo, el hecho de no tener que trabajar más de cuatro o cinco horas al día me permite establecer un perfecto equilibrio entre trabajo y tiempo libre. A decir verdad, la mayoría de mi trabajo es ocio, pues me divierte muchísimo hacerlo, y no estaría dispuesto a aceptar un sueldo de un millón de dólares anuales para trabajar por cuenta ajena, cualquiera que fuese el empleo o el cargo, simplemente porque me gusta gozar de mi libertad.

¿Cómo he llegado hasta aquí? Siendo persistente. Mientras los colegas con los que me gradué en el MBA estaban ganando un sueldo más que digno, mis ingresos eran de mera subsistencia. Perseveré a pesar de estar viviendo en lo que se considera un nivel de pobreza y de no saber de dónde sacaría el dinero suficiente para pagar el alquiler de la vivienda del mes siguiente. Tenía la seguridad de que si me mantenía fiel a lo que me gustaba, tarde o temprano se acabaría convirtiendo en un medio de vida.

170

Ahora, algunos de los individuos que años atrás creían que mi ascensor mental no llegaba hasta la última planta están ansiosos por comprar mis consejos, y determinados ex compañeros de clase no dudan en considerarme un genio del marketing por haber sido capaz de convertir en un *bestseller* un libro que yo mismo publiqué. Pero lo cierto es que tengo tanto de genio como cualquier otra persona con algunos conocimientos de marketing y un poco de sentido común. Lo que me ha permitido lograr algunos de mis objetivos es la voluntad de ser persistente y de aplicar los dieciséis principios restantes de la creatividad.

> La persistencia es lo que hace posible lo imposible, lo posible probable, y lo probable seguro.
>
> *Robert Half*

Si quieres, puedes hacer lo mismo. Persevera en tus planes y proyectos, y quizá te conviertas en un genio o una estrella a los ojos de otros menos persistentes que tú. Llegados a este punto, ya habrás comprendido que la genialidad no es más que la persistencia o perseverancia camuflada.

No seas víctima del pensamiento incorrecto

Hay algo que siempre ha sido un gran misterio para mí. ¿Por qué tanta gente echa la culpa al mundo en lugar de asumir la responsabilidad de su vida? Recientemente, un editorial del *Globe and Mail* aseguraba que 1990 ha sido la década del victimismo. Teniendo en cuenta que en algunos círculos sociales incluso está de moda ser una víctima, me veo en la necesidad de advertirte sobre sus consecuencias potenciales en el caso de que alguna vez cometas el error de caer en la trampa mental de pensar innecesariamente que también tú eres una víctima.

Muchas personas se ven a sí mismas como víctimas cuando en realidad no lo son. Tales individuos consideran que la vida es una estafa, a causa de la posición que ocupan en ella y culpan a la sociedad, a sus padres, a la coyuntura económica nacional o al mundo en general de su infelicidad y soledad. Lo que más me impresiona de la gente con mentalidad de víctima es la cantidad de energía que consumen rehuyendo su responsabilidad y complicándose la vida.

> El caballo perdedor echa la culpa a la montura.
>
> *Samuel Lover*

Las víctimas tienden a ser personas movidas por una motivación negativa que, influenciadas por sus propias inseguridades y fracasos pasados, se pasan el día quejándose, empezando cosas y dejándolas a medias y cometiendo las mismas equivocaciones una y otra vez. A su alrededor, nada parece funcionar. Lo más triste es que no son conscientes de su extrema negatividad.

171

Hace diez años, quedé atónito cuando un hombre de cincuenta y cinco años me dijo que seguía echando la culpa a sus padres de un sinfín de problemas que había tenido y seguía teniendo en la vida, incluyendo el fracaso de sus relaciones sentimentales. Pensé que era un poco extraño para todo un señor de su edad, con hijos, y cuyos padres habían fallecido años atrás. Y lo más asombroso es que desde entonces hasta hoy, pagarlas con los progenitores se ha convertido en un argumento aceptable —una especie de pasatiempo de moda— para innumerables adultos, tal y como se puede constatar en las tertulias televisivas y las revistas de psicología, que se autodenominan «niños adultos», un término francamente curioso.

> ¿Qué ocurre cuando asumes la responsabilidad de tu vida? Algo terrible. No hay nadie a quien echar la culpa.
>
> *Erica Jong*

Estos niños adultos se caracterizan por culpar a sus padres de sus problemas actuales en la edad adulta (alcoholismo, drogadicción, divorcio, relaciones conflictivas, etc.), aunque lo cierto es que debajo de esta actitud subyace una absoluta falta de deseo de asumir la responsabilidad de sus propios actos. Sufren las consecuencias de una mentalidad victimista e intentan eludir toda responsabilidad relacionada con cualquier hecho desagradable en su vida.

Te demostraré hasta qué punto es absurdo culpar a los progenitores de los problemas personales. Durante un seminario en el que participé hace algunos años, uno de los 257 cursillistas mencionó que la causa de muchos de sus problemas personales residía en las imperfecciones de sus padres. Con el propósito de hacerle comprender cuán equivocado estaba, el director del seminario pidió a los 256 cursillistas restantes que levantaran la mano si creían tener unos padres excelentes, modélicos, rayando la perfección. Cuál sería la sorpresa del señor 257 cuando nadie lo hizo. Acto seguido, el director del seminario puso de relieve que los 257 participantes eran representativos de un amplio espectro de trasfondos sociales y culturales, y que ni siquiera uno de ellos había tenido unos progenitores remotamente perfectos.

> La vida es breve, pero lo bastante larga para destruir a cualquiera que desee destruirse.
>
> *Josh Billings*

Michele Wiener-Davis, una conocida terapeuta profesional, ha hecho gala de una extraordinaria integridad al escribir su magnífico libro *Fire Your Shrink*, en el que habla de los peligros de la mentalidad de víctima y de por qué la terapia no suele dar resultado con la mayoría de los individuos que lo ven todo «encogido». Mucha gente con este tipo de mentalidad pasa horas y horas obsesionada con sus problemas en compañía de carísimos terapeutas. En efecto, tal y como ha descubierto Michele Wiener-Davis, las personas con mentalidad de víctima pasan meses, o incluso años, echando la culpa a alguien o a algo y nunca se deciden a asumir la responsabilidad de resolver sus problemas. Ni que decir tiene que los terapeutas obtienen pingües beneficios de esta clase de clientes, que siguen acudiendo puntualmente a sus sesiones con la cartera llena de dinero.

Existen innumerables pautas de pensamiento que indican la presencia de un bajo nivel de autoestima. Si tienes alguna de las creencias o ideas siguientes, estás sujeto a estímulos negativos que en nada contribuyen a tu éxito:

- Tengo problemas únicos en la vida. Nadie sería capaz de soportar semejantes cargas.

- Es imposible que puedas decirme algo que no sepa.

- Cuando desagrado a alguien, me siento fatal conmigo mismo.

- No debería estar sometido a la incomodidad de un fracaso.

> Cuando veas una serpiente, no pierdas el tiempo pensando de dónde ha salido.
>
> *W. G. Benham*

- El mundo debería ser justo, sobre todo conmigo.

- La gente es tan diferente de cómo debería ser en realidad...

- No puedo cambiar, pues nací así.

- Las imperfecciones de mis padres tienen la culpa de cómo soy.

- Los gobiernos no hacen lo suficiente para la gente ordinaria como yo.

- Los gobiernos deberían preocuparse más de proteger nuestros empleos en la sanidad, enseñanza, etc.

- Estoy en desventaja porque soy una mujer, pertenezco a una minoría, soy un varón blanco, etc.

- Estoy en desventaja porque no tengo suficiente dinero, no soy agraciado y no conozco a la gente apropiada.

- ¿Por qué la gente no es tan simpática conmigo como lo soy yo con los demás?

- No tengo la suficiente formación para hacer algo de provecho.

- Me cuesta mucho reafirmarme a mí mismo.

Si alguno de estos pensamientos bulle en tu mente con regularidad, prepárate para sufrir un dolor y una desazón aun mayores de los que has experimentado hasta ahora. Consciente o inconscientemente estás generando excusas con el fin de no adoptar las medidas necesarias para que tu vida funcione, y además eres una víctima del pensamiento incorrecto. ¿De quién? ¡Tuyo! ¿De quién más podría ser?

En su libro, Wiener-Davis se refiere a la gente que solía sufrir los efectos de una mentalidad victimista y que han conseguido convertirse en líderes dando un giro de ciento ochenta grados a su vida. «Quienes viven sus sueños son los que se detienen a considerar todos los ángulos, a sopesar los pros y los contras, y actúan en consecuencia (...). Se han dado cuenta de que había llegado el momento de dejar de hablar con los amigos, familiares o terapeutas... y de empezar a vivir. Sin acción no hay cambio.»

> Si tu vida diaria parece insulsa, no le eches la culpa; cúlpate a ti mismo de no ser lo bastante poeta como para reparar en sus maravillas.
>
> *Rainer Maria Rilke*

Creer es una enfermedad

Una creencia no tiene que ser necesariamente cierta por el mero hecho de que la mayoría de la sociedad la acepte. En realidad, lo que la sociedad considera razonable puede ser muy irrazonable. Muchas personas han tenido creencias falsas con anterioridad. Recuerda, por ejemplo, que hubo una época en la que casi toda la humanidad estaba convencida de que la Tierra era plana. Esta reflexión de Bertrand Russell da mucho que pensar:

> Nunca dejan de asombrarme las cosas increíbles que cree la gente.
>
> *Leo Rosten*

El hecho de que una opinión haya sido ampliamente compartida no significa que no pueda ser completamente absurda. Lo cierto es que a la vista de la tontería de que hace gala la mayor parte de la humanidad, es más probable que una creencia extendida sea estúpida que sensata.

El fracaso como máquinas que todo lo cuestionan puede llevarnos a adoptar falsas creencias sobre la vida. Es fácil caer en ellas cuando son habituales en la sociedad. Veamos dos ejemplos: ¿Crees que leer a oscuras o con poca luz perjudica a los ojos? No hay nada que lo demuestre. Según la Academia Americana de Oftalmología: «Leer bajo una luz tenue no daña más la vista de lo que sacar una foto bajo una luz tenue podría dañar una cámara».

¿Crees que es peligroso zambullirse en el agua inmediatamente después de haber tomado un copioso almuerzo? Una vez más, tampoco existe ninguna evidencia que lo demuestre. Aunque hace cincuenta años la Cruz Roja publicó un folleto advirtiendo del riesgo asociado a comer antes de nadar, el folleto actual afirma que no existe el menor peligro.

Pero mucho peor que tener alguna que otra creencia falsa es vivir la vida sobre la base de lo que debería ser la realidad en lugar de lo que es. El escritor Robert DeRopp dijo que los seres humanos habitan en un mundo de falsas ilusiones, lo cual oscurece la realidad hasta tal punto que acaban viviendo en un mundo de sueños despiertos. Para determinados individuos, el miedo a la verdad puede ser inquebrantable. La gente es capaz de hacer lo indecible para evitar la verdad y sustituirla por un poco de fantasía salvaje que consiga hacer girar el rotor cerebral de cualquier persona sensata.

> De todo lo que engaña se puede decir que cautiva.
>
> *Platón*

La mayoría de nosotros tendemos a estructurar nuestras pautas de pensamiento con la única finalidad de no ver todas las posibilidades de solución a los problemas de la vida, y esto influye de un modo increíble en nuestra capacidad creativa. Ser creativo significa vivir con pasión y espontaneidad. Es importante confiar en la intuición, pero también lo es saber cuándo hay que suspender las ideas preconcebidas y las inhibiciones.

El pensamiento flexible te ayudará a pasar por la vida con una extraordinaria comodidad; no te aferres a tus creencias. Creer que podrías vivir mejor si te tocara el primer premio de la lotería es una enfermedad. Si no haces un alto en el camino y cuestionas todas tus creencias sobre la vida, el pensamiento estructurado deteriorará su salud mental y limitará tu capacidad de ver las cosas de un modo diferente. Recuerda que la mente es como un paracaídas: te sientes mucho mejor cuando está abierto.

La liberación es un estado de la mente

> Libertad significa responsabilidad. Ésta es la razón por la que la mayoría de la gente tiene miedo de ella.
>
> *George Bernard Shaw*

Para triunfar en la vida hace falta acción y consecución. Nadie nace con la capacidad de triunfo. Cualquiera se puede sentir plenamente realizado en la vida si asume sus responsabilidades y evita pensar en sí mismo como una víctima. Los individuos creativos, en lugar de justificar las causas por las que se sienten víctimas y acabar encerrados en una prisión inexpugnable, buscan oportunidades, las aprovechan y viven en un paraíso.

Por el contrario, la gente negativa experimenta un deseo de comodidad y de evitar el fracaso, lo cual suele conducir a una escasa intencionalidad o a una absoluta inactividad. Aunque el miedo puede ser un estímulo positivo, la mayoría de las veces motiva negativamente a reaccionar de formas que en poco o nada contribuyen a la satisfacción, induciendo respuestas negativas en lugar de positivas.

> El éxito no viene hacia ti...
> Tú vas hacia él.
>
> *Marve Collins*

Otros modos de pensar patológicos, como el síndrome del «gran negocio», también actúan como estímulos negativos. Este síndrome es una de aquellas fantasías de recuperación de la adolescencia que todos hemos tenido en la juventud. Por desgracia, conozco a mucha gente que ha llevado a cuestas este tipo de fantasías hasta bien entrados los cincuenta y los sesenta. Las fantasías adolescentes son las favoritas de los adultos con un bajo nivel de autoestima.

Existen algunas variaciones del síndrome del gran negocio: si pudiera ganar mil millones de pesetas en la lotería, sería feliz; si pudiera entablar una relación con alguien interesante, dejaría de estar tan aburrido; y si pudiera conseguir un trabajo emocionante y bien pagado, podría empezar a vivir. Las personas que padecen el síndrome del gran negocio buscan una forma fácil de alcanzar la felicidad, cuando en realidad no existe. Esperar ese gran negocio evita el esfuerzo necesario para que la vida funcione.

Las excusas son válidas cuando se está gravemente discapacitado o se vive en un país del Tercer Mundo con prácticamente ninguna oportunidad, pero Occidente sigue ofreciendo increíbles oportunidades a los individuos capaces. En 1997, por cuarto año consecutivo, Canadá fue elegido por las Naciones Unidas como el mejor lugar para vivir en términos de índice de desarrollo humano, y Estados Unidos quedó en cuarta posición. La clasificación se confeccionó sobre la base de los ingresos medios, la esperanza de vida y las posibilidades de acceso a la educación.

Pues bien, a pesar de que según dicho ranking Canadá es el mejor país del mundo para vivir, hay muchas personas que son incapaces de ver las oportunidades que hay en él. Innumerables canadienses pasan la mayor parte del tiempo lamentándose de lo mal que están las cosas y de lo dura que es la vida. Y no estoy hablando precisamente de discapacitados, sino de gente sana, capaz, con una buena formación o que ha disfrutado o sigue disfrutando de empleos muy bien remunerados y que sufre el síndrome de «el mundo me debe la vida».

> Si no quieres hacer algo,
> cualquier excusa es buena.
>
> *Proverbio yiddish*

Douglas Cardinal, de origen indio nativo y probablemente el arquitecto más célebre de Canadá, cree que todos tenemos algo que aprender de su filosofía. Recientemente ha dicho lo siguiente:

No tenemos un problema económico, sino un problema de actitud. Vamos por ahí despilfarrando y sintiendo lástima de nosotros mismos porque la economía está en crisis. ¡Qué absurdo! Es una simple actitud. Tenemos un problema de actitud. El pesimismo no me afecta simplemente porque me niego a participar de él (...). Podemos crear todo lo que deseemos. Es nuestra propia actitud la que nos ha colocado en la situación en la que estamos. Quienes han perdido el empleo pueden considerar sus apuros como inconvenientes o desafíos.

> «They're Only Puttin' in a Nickel, but They Want a Dollar Song.»
> («Sólo ponen una moneda de cinco centavos, pero quieren una canción de un dólar.»)
>
> *Título de una canción*

Quiero advertirte del efecto más pernicioso de la mentalidad de víctima, de aquél del que nunca conseguirás liberarte si es así como afrontas la vida. Es imposible. Siempre partirás de la base de que eres una víctima para satisfacer tu distorsionado sistema de creencias.

La liberación es un estado de la mente. Si eres una persona realmente liberada, sabrás que existen mil tipos de discriminación en el mundo, además de innumerables controles de carretera. Sin embargo, decidirás seguir adelante. La liberación requiere esfuerzo y perseverancia —tu esfuerzo y tu perseverancia.

Saber y no hacer no es saber

Muchas personas desmotivadas sufren las consecuencias de las falsas ilusiones en relación con la existencia de esa tierra prometida a medio camino entre el nirvana y Shangri-la; creen que pueden alcanzarla sin ningún esfuerzo. Todo lo que hace falta es un «gran negocio» en la vida en forma de primer premio de la lotería, empleo ideal o pareja adecuada para contraer matrimonio. El síndrome del gran negocio tiene sus orígenes en las falsas creencias acerca de cómo debería ser el mundo, en lugar de verlo tal cual es. Quienes padecen este síndrome llevan una vida basada, en parte, en la realidad, y en parte en la ficción. La ficción equivale a lo que debería ser. Vivir sobre la base de cómo debería ser el mundo —en lugar de cómo es— puede ser autodestructivo. De hecho, las implicaciones suelen ser muy graves.

> No vayas por ahí diciendo que el mundo te debe la vida. El mundo no te debe nada. Ya estaba aquí antes que tú.
>
> *Mark Twain*

Confío en que no caigas en la misma trampa en la que han caído tantos individuos desmotivados, que a lo largo de los años se van consumiendo poco a poco a causa del síndrome de «el mundo me debe la vida» y de la «ganancia imprevista o gran negocio». En el supuesto de que no opten por asumir la responsabilidad de su bienestar, continuarán buscando inútilmente la salida fácil. De ahí que haya tantos occidentales adictos al juego, a las drogas y al alcohol. Quien más quien menos ha experimentado el impulso del gran negocio en alguna que otra ocasión. Hace mucho tiempo solía imaginar que me hacía multimillonario de la noche a la mañana, pero el tiempo me ha enseñado que eso no es algo que me suceda demasiado a menudo —si he de ser sincero, nunca—. He llegado a la conclusión de que las ganancias imprevistas que caen del cielo no existen. Por otro lado, he descubierto que no me hacen ninguna falta para sentirme satisfecho y feliz en la vida, ya que puedo conseguirlo recurriendo a la creatividad y aplicando el principio de la vida fácil.

> Por cada persona que sueña con ganar 50.000 libras, hay cien que sueñan con heredar 50.000 libras.
>
> *A. A. Milne*

Haber aprendido los principios de la creatividad no garantiza tener más éxito y más satisfacción, del mismo modo que tener un caballo no garantiza ser un buen jinete. Debes motivarte de algún modo con el fin de hacer todo lo necesario para conseguir la satisfacción y olvidar de una vez por todas las excusas.

Ejercicio 14–1. Una no-excusa habitual

¿Qué tenían en común todas estas personas?

- Thomas Edison (inventor)
- Sofía Loren (actriz)
- Al Pacino (actor)
- Bobby Fisher (ex campeón mundial de ajedrez)
- Peter Jennings (presentador de televisión en ABC)
- Soichiro Honda (fundador de Honda Motor Corp.)
- Buckminster Fuller (inventor de la cúpula geodésica)

Mucha gente utiliza la excusa de su escasa formación académica para no aspirar a puestos de trabajo más creativos y satisfactorios. Pues ¿sabes qué? Todos los personajes de la lista anterior tenían estudios elementales o medios. Thomas Edison sólo tuvo la ocasión de recibir una educación reglada durante tres semanas, eso sin contar la sordera que sufrió durante la mayor parte de su existencia, otra dificultad añadida. ¿Fue suficiente para detenerle? ¡No! Sus inventos cambiaron drásticamente nuestra vida.

> El éxito responde a las siglas COC –capacidad, oportunidades y coraje.
>
> *Charles Luckman*

Olvidemos pues las excusas. El mero hecho de que algo sea difícil no es motivo para no hacerlo. El secreto está en identificar los problemas que surgen en la vida y decidir lo que conviene hacer para resolverlos —la mayoría de la gente llega hasta aquí—. Donde casi todo el mundo fracasa es a la hora de llevarlo a la práctica. La inactividad hace inútil el problema y la solución. Hay un viejo proverbio que dice: «Hablar es barato, ya que la oferta excede a la demanda». Mucha gente habla de las cosas maravillosas que hará en la vida, aunque al final la mayoría de ellas se quedan en palabras. Una cosa es hablar de lo que se piensa hacer y otra muy distinta hacer aquello de lo que se habla.

La diferencia entre los «hiperconseguidores» y los «hipoconseguidores» estriba en que aquéllos piensan activamente y éstos pasivamente. Los estudios realizados con hiperconseguidores indican que son capaces de dedicar mucho tiempo a pensar en las cosas. Sus logros no se fundamentan sólo en ser físicamente activos, sino también en su capacidad de meditar, ponderar y soñar despiertos.

> ¡Nunca, nunca, nunca, nunca me rendiré!
>
> *Winston Churchill*

Los conseguidores se concentran en la acción y en adquirir un sentido de consecución. Al final, hacen lo que habían planificado; esto es lo que marca la diferencia en su vida. Son conscientes de que marcar la diferencia, ya sea en las actividades de su tiempo libre o en sus asuntos profesionales, significa tener que encender el fuego en lugar de esperar a que otro lo encienda para poder calentarse.

Hacer aquello de lo que se habla exige un compromiso. Muchos individuos usan el término «compromiso», pero en realidad no conocen su significado. Usarlo porque suena bien no equivale a estar comprometido. La mayoría de la gente asegura haber adquirido el compromiso de ser feliz y tener éxito en la vida, pero sus actos demuestran lo contrario. Cuando se percatan de que sus objetivos requieren tiempo, energía y sacrificio, se dan por vencidos y renuncian a ellos.

Te propongo un sencillo test para determinar hasta qué punto estás comprometido con tus metas y en conseguir que tu vida funcione viento en popa: ¿Haces lo que dices que harás? Esto es aplicable a cosas aparentemente tan insignificantes como telefonear a alguien cuando has dicho que lo harías. Si no cumples las cosas pequeñas, me resultará muy difícil creer que vas a comprometerte con los objetivos de mayor envergadura. Si tu vida está falta de compromiso, obtendrás muy poca satisfacción a largo plazo.

> No esperes a que llegue el barco. Nada hasta él.
>
> *Un sabio anónimo*

Lo único que da fe del compromiso son los actos. Si te comprometes con seriedad, experimentarás el intenso deseo de alcanzar tus objetivos independientemente de los obstáculos que puedas encontrar en el camino. «Recogerás lo que hayas sembrado.» Dicho en otras palabras, todo lo que pongas en el universo te devolverá su imagen reflejada. Como ya he dicho antes, la plenitud y la satisfacción en la vida requieren acción —muchísima acción—. No seas como la inmensa mayoría de la gente, que no dan continuidad a sus palabras con actos. La actitud positiva y el entusiasmo por vivir son los ingredientes básicos para comprometerse con la acción y con una vida en marcha. Respecto al compromiso, no olvides nunca estas doctas palabras del budismo: «Saber y no hacer es no saber».

> El gran objetivo de la vida no es el conocimiento, sino la acción.
>
> *Thomas Henry Huxley*

Sé un holgazán creativo: el zen

¿Está el tiempo a tu favor?

En *El principito*, de Antoine de Saint-Exupéry, el niño llega de un planeta lejano para visitar la Tierra. Uno de los curiosos personajes con que se encuentra es un comerciante que intenta venderle unas píldoras que quitan la sed durante una semana. El pequeño príncipe le pregunta por qué vende aquellas píldoras, y el comerciante le responde: «Porque ahorran muchísimo tiempo. Los expertos lo han calculado. Con estas píldoras ahorras cincuenta y tres minutos semanales».

Luego, el niño pregunta: «Y ¿qué se supone que tengo que hacer con estos cincuenta y tres minutos?», y el comerciante contesta: «Lo que quieras...». El principito, perplejo, piensa: «Por lo que a mí respecta, si tuviera cincuenta y tres minutos para dedicar a lo que quisiera, iría hasta un manantial de agua potable».

Esta historia tiene mucho que ver con la forma en la que utilizamos el tiempo y enfocamos la vida. En la sociedad occidental nunca parece haber el tiempo suficiente. La gente conduce deprisa, camina deprisa, come deprisa y habla deprisa. El tiempo es tan valioso que el individuo ni siquiera dispone de un instante para pensar en el tiempo. Incluso el tiempo de ocio se disfruta en un estado de apresuramiento. Nadie es capaz de montar a caballo, fumar un cigarrillo, leer un libro y descansar al mismo tiempo. No obstante, muchas personas se empeñan en intentarlo. Se han involucrado tanto en el control del tiempo que son incapaces de encontrar el tiempo necesario para gozar del presente, y al no disponer de un solo momento libre, son menos espontáneas y no consiguen deleitarse con el aquí y ahora.

> Ayer es un cheque anulado; mañana es un pagaré; hoy es el único dinero en efectivo del que dispones, así que gástalo con sensatez.
>
> *Kay Lyons*

Estar ocupado no significa controlar. Vivir el presente quiere decir abrirse al instante en el que no hay otros instantes. Pensar en lo feliz que serías si fueras más rico o más atractivo no es la mejor manera de disfrutar de la vida aquí y ahora. Esperar a que acontezca algo para poder gozar de la vida equivale a no ser plenamente consciente del mundo que te rodea, y esperar a que llegue el gran negocio para poder hacerlo equivale a posponer las alegrías de vivir. Si eres capaz de sumergirte en las cosas que te fascinan ahora, serás más feliz ahora. Empezarás a vivir el presente en lugar de navegar en un estado de inconsciencia.

Implícate en el proceso, no en el resultado final, y por fin sabrás que estás experimentando el presente al ciento por ciento. Olvídate del reloj. Para mitigar la presión y el estrés de la vida moderna hace falta un tiempo ininterrumpido de relax. Cuando estés relajado, contemplarás la vida desde una perspectiva más positiva. No apresurarse significa ser diferente de la muchedumbre. También serás más creativo, ya que serás capaz de gozar de la magia del ahora.

Concéntrate en la concentración

Vivir el presente, el ahora, es uno de los principios del zen, una disciplina oriental cuyo objetivo es el progreso personal. La siguiente historia zen ilustra la importancia de dominar el presente.

Un estudiante de zen preguntó a su tutor: «Maestro, ¿qué es el zen?». Éste respondió: «El zen es barrer el suelo cuando barres el suelo, comer cuando comes y dormir cuando duermes». El estudiante replicó: «Maestro, esto es muy sencillo». «Por supuesto —respondió el maestro—. Pero muy poca gente lo hace.»

Principio de la creatividad:

Vive el presente

La mayoría de las personas no viven el presente y dejan pasar innumerables oportunidades en la vida. La atención al presente —la concentración— es algo que casi todo el mundo puede mejorar y de lo que se puede beneficiar. La capacidad de estar en el ahora y concentrarse en la tarea que se tiene entre manos es un factor muy importante del proceso creativo tanto en el trabajo como en el ocio.

Y para dominar el presente es indispensable aprender a hacer una cosa a la vez, en lugar de dos o tres. Hacer algo físicamente mientras se está pensando en otra cosa es una contradicción. Cuando se piensa en otra cosa, se carece de la libertad necesaria para realizar la actividad elegida. Uno de los problemas del tiempo libre estriba en seleccionar algo y concentrarse en ello de principio a fin. Cualquier acto o tarea debería merecer una atención absoluta si es que realmente nos interesa desarrollarla.

Pon a prueba tu capacidad de experimentar y vivir el presente con el siguiente ejercicio.

Ejercicio 15-1- Contemplar un clip

Elige un objeto tan simple como un pedazo de tiza o un clip y concéntrate en él durante cinco minutos. Tu objetivo consiste en impedir que otros pensamientos interfieran en tu estado de concentración y desvíen tu atención del objeto en cuestión. Al pensar en él, concéntrate tanto en su diseño como en el concepto que subyace debajo del mismo. ¿De dónde procede? ¿Quién lo inventó? ¿Por qué tiene esta forma?

> El modo más simple de hacer muchas cosas es hacer una sola cosa a la vez.
>
> *Samuel Smiles*

Te propongo otro test excelente para comprobar hasta qué punto eres capaz de disfrutar del aquí y ahora: cuando estés tomando una ducha, intenta borrar todos los pensamientos que no estén relacionados con lo que estás haciendo. Si llega un momento en el que lo único que adviertes es el sonido placentero y relajante del agua, entonces realmente estarás experimentando una ducha. Durante el ejercicio descubrirás lo fácil que es pensar en otras cosas, muchas de las cuales absorben tu energía y tu presente.

Si en lugar de hacer lo que se sugería en el ejercicio 15-1 has preferido seguir leyendo, es evidente que tu antiguo ego sigue dominando tus actos. Así pues, ¡detente ahora, retrocede y realiza el ejercicio! Si eres incapaz de hacerlo, olvida la posibilidad de llegar a dominar el presente y limítate a seguir siendo como eres. Te mueves por fuerzas externas que continuarán controlando tus reacciones.

Si has hecho el ejercicio, ¿cuál ha sido el resultado? Si eres como la mayoría de la gente, habrás tenido problemas con los pensamientos errantes. Tener dificultades indica hasta qué punto tu pensamiento está fuera de control. Pero no desesperes. La práctica te ayudará a superarlas y a desarrollar la capacidad de vivir el aquí y ahora.

Los dos ejercicios siguientes son ideales para conseguirlo. Quienes los han realizado han advertido una notable mejora en su capacidad de disfrutar del momento.

Ejercicio 15-2. Concéntrate en la concentración

Coge un simple objeto y analízalo detenidamente durante cinco minutos cada día. Concéntrate en su forma y en lo que se esconde detrás de ella.

Transcurridos dos o tres días, cuando hayas explorado completamente el primer objeto, elige otro. Continúa cambiando de objeto tantas veces como sea necesario. Deberías hacer este ejercicio durante un mínimo de treinta días seguidos. El período de gestación es muy largo, ya que éste es el tiempo que tarda la mente en cambiar y desarrollar la concentración. Si por cualquier razón te olvidas de hacerlo un día determinado, vuelve a empezar. El objetivo consiste en practicarlo un mes seguido, sin interrupciones. Los beneficios de este ejercicio no se pueden explicar mediante la ingeniería tradicional o la lógica de una facultad de ciencias empresariales, aunque son reales. Tu capacidad subconsciente se abrirá y te permitirá concentrarte hasta niveles que nunca antes habías alcanzado.

> Pasamos la mitad de la vida intentando encontrar algo que hacer con el tiempo que nos hemos apresurado a ahorrar a lo largo de ella.
>
> *Will Rogers*

Ejercicio 15-3. El reloj y la concentración

Programa la alarma de un reloj para que suene varias veces al día y te recuerde que estás en el aquí y ahora, y puedas así gozar del momento. Utilízalo para sumergirte totalmente en lo que estás haciendo. De este modo, disfrutarás de tu trabajo haciendo una sola cosa a la vez, apreciarás el sabor de la comida al paladearla poco a poco, experimentarás toda la belleza de una hermosa puesta de sol o te sentirás integrado con la gente que te rodea. Independientemente de lo que estés haciendo, procura hacerlo a conciencia y no de una forma automática mientras la mente se halla a miles de kilómetros de distancia.

Preocuparse por cosas que carecen de la menor importancia

No hay una forma mejor de desaprovechar el presente que dedicar el tiempo a preocuparse del ayer y del mañana. Existen muchas cosas por las que preocuparse. La gente sufre crisis nerviosas por causas aparentemente insignificantes, tales como una avería del televisor antes de un partido de fútbol o por haber perdido una pequeña cantidad de dinero en una mala inversión. Los hay que incluso se preocupan si no tienen de nada por qué preocuparse.

> Piensa en muchas cosas que hacer. Haz una.
>
> *Proverbio portugués*

La clave reside en enfocar los problemas y la preocupación desde una perspectiva adecuada. Pensar siempre en el futuro y posponer las cosas en lugar de hacerlas hoy equivale a desperdiciar la magnífica oportunidad de vivir al día. Si crees que serás feliz en el futuro, cuando consigas hacer algo drásticamente diferente, has perdido el juicio. El momento de ser feliz es ahora. Preocuparse por la jubilación y aplazarlo todo hasta entonces es muy arriesgado, ya que entre otras cosas ni siquiera tienes la seguridad de que vas a llegar a la edad de jubilarte. Ahorra energía para los problemas realmente graves que haya que resolver. Llena tu vida de esperanza, de sueños y de ocio creativo en lugar de preocuparte.

> Nada importa demasiado y muy pocas cosas importan en absoluto.
>
> *Arthur Balfour, conde de Balfour*

La capacidad de experimentar el aquí y ahora es una característica de los individuos creativos, es decir, de quienes no tienen ningún problema para sumergirse por completo en un proyecto. Su nivel de concentración es tan elevado que pierden el sentido del tiempo. El proyecto los absorbe y los pensamientos intrusos no encuentran el menor resquicio por el que penetrar. ¿Quieres saber cuál es su secreto? Disfrutan del presente en toda su extensión y no se preocupan de lo que vendrá después.

Preocuparse por cosas triviales o importantes es una de las actividades que roban el presente. Según un estudio de la Universidad del Estado de Pennsylvania, alrededor del 15% de los norteamericanos pasan la mitad del día, como mínimo, preocupados. Tales son los niveles de preocupación en aquel país que algunos investigadores incluso han llegado a afirmar que una de cada tres personas sufre serios trastornos mentales a causa de las preocupaciones.

El miedo, la ansiedad y el sentimiento de culpabilidad son emociones relacionadas con la preocupación. En un momento determinado, ya sea en el trabajo o en cualquier otro sitio, la mente se aleja más y más, dejándose llevar por el desasosiego y el malestar. La mayoría de la gente se preocupa de lo que sucedió ayer o de lo que ocurrirá mañana.

> Nunca llores sobre leche regurgitada. No podría transformarse en whisky.
>
> *Un sabio anónimo*

¿También tú eres uno de los que pasan demasiado tiempo preocupado y desperdiciando el presente? ¿Eres capaz de concentrarte y de vivir el aquí y ahora? Si te dedicas en exceso a meditar sobre los fracasos, las pérdidas o los errores te sentirás tenso y te invadirá una sensación de asfixia. Demasiada preocupación predispone al estrés, los dolores de cabeza, los ataques de pánico, las úlceras y otras patologías afines. La mayor parte de las preocupaciones son autoinfligidas y un tanto inútiles.

Algunos estudios demuestran que el 40% de las preocupaciones están relacionadas con hechos que nunca se producirán, el 30% con hechos que ya han sucedido, el 22% con hechos triviales y sólo el 4% con hechos reales sobre los que podemos actuar. Esto significa que el 96% de las cosas que nos preocupan están fuera de nuestro control —un 96% de preocupación desaprovechado—. Pero aún hay algo peor. Preocuparse de cosas que podemos controlar también

185

es una pérdida de tiempo, pues al fin y al cabo se hallan bajo nuestro control. Dicho de otro modo, preocuparse por lo que no se puede controlar es absurdo, porque no hay nada que hacer al respecto, y preocuparse por lo que se puede controlar también es absurdo, porque en tal caso lo apropiado es controlarlo, no preocuparse. Resumiendo, el 100% de nuestras preocupaciones son innecesarias. (¡Ahora podrías preocuparte por todo el tiempo que has echado por la borda mientras te preocupabas!)

Pasar el tiempo preocupado por el pasado o el futuro equivale a desperdiciar energía. La gente creativa comprende perfectamente el significado de aquella ley de Murphy según la cual: «Si algo puede salir mal, saldrá mal».

Los obstáculos son una realidad en la vida, y ni siquiera los individuos supercreativos pueden eliminarlos. Saben que regularmente irán apareciendo nuevos muros a lo largo del camino, pero también saben que existe una forma de superarlos.

La mayoría de las preocupaciones por los problemas que surgen en la vida, si no todas, absorben una parte de la energía que se debería canalizar para resolverlos. Adopta una actitud positiva: «Últimamente nada parece importarme... y ¿qué?». Si eres capaz de vivir con este lema, la mayoría de tus preocupaciones se desvanecerán.

La gente creativa acepta la realidad de los acontecimientos, y al hacerlo es consciente de la importancia de dominar el presente.

Aburrirse es insultarse

Muchos individuos de escasa capacidad creativa aseguran que su principal fuente de ansiedad consiste en combatir el aburrimiento. No usan el tiempo con eficacia y la felicidad se les escapa de las manos. En lugar de ser participantes en la vida, se especializan en ser meros espectadores y críticos de las actividades de los demás. La vida se convierte en un período continuado de tedio y desánimo. El aburrimiento les priva del significado de la vida y mina sus ganas de vivir. Aunque pueda parecer un síndrome exclusivo de los solteros y parados, quienes están casados y trabajan pueden ser tan vulnerables a sufrirlo como aquéllos.

Ser espectador no es la forma ideal de sacar el máximo partido de la vida. Es ridículo sentarse y esperar que ocurran cosas emocionantes. Sólo tú puedes asumir la responsabilidad de situarte allí donde es probable que acontezcan. Si planificas y usas el tiempo con sensatez, serás capaz de experimentar actividades antiguas y nuevas que potenciarán tu calidad de vida.

Mantenerte ocupado haciendo lo que te gusta te ayudará a combatir el aburrimiento, y emprender nuevas y complejas tareas te permitirá vencerlo. A continuación he transcrito una carta que he recibido de un profesor de la facultad de educación de una universidad de Canadá que leyó *The Joy of Not Working*:

> ¿Acaso la vida no es demasiado corta como para aburrirnos?
>
> *Friedrich Nietzsche*

Apreciado Sr. Zelinski:

Me ha gustado muchísimo su libro, *The Joy of Not Working*. He llegado a la conclusión de que me estoy aburriendo y pienso hacer algo al respecto.

Muchas gracias.

John.

> Nunca me aburro. Aburrirse es insultarse.
>
> *Jules Renard*

De los centenares de cartas que me han enviado acerca de *The Joy of Not Working*, ésta es una de las más poderosas, a pesar de su brevedad. El capítulo sobre el aburrimiento titulado «Somebody Is Boring Me, I Think It Is Me» («Alguien me está aburriendo, creo que soy yo») debió de hacer mella en John, pues se dio cuenta de que había una sola persona en su vida que podía hacer algo para erradicarlo: ¡John!

Algunos psicólogos han manifestado que la gente que sufre aburrimiento crónico es conformista, se preocupa las veinticuatro horas del día, carece de confianza en sí misma, no es creativa, es hipersensible a las críticas y se siente ansiosa por la seguridad y las cuestiones materiales. Quienes más expuestos están al tedio son los que eligen el camino más seguro, sin riesgo, en la vida. Al no asumir riesgos, casi nunca obtienen las recompensas del logro y la satisfacción personales. Por el contrario, quienes optan por la senda de la variedad y la estimulación jamás contraen la enfermedad del aburrimiento. Los individuos creativos, los que buscan muchas cosas que hacer y muchas formas de hacerlas, descubren que la vida es extremadamente emocionante y que merece la pena vivirla a fondo.

Hoy en día se suele creer que el aburrimiento es una imposición de origen externo, cuando en realidad, lo que nos conduce a él es el fracaso de la imaginación. Las cosas se hacen aburridas porque esperamos que sean estimulantes. Quienes exigen novedad en todas sus actividades, serán unos absolutos adictos a ella. Pero debido a la falta de pensamiento creativo, muchos de ellos intentan eludir la monotonía de su vida cotidiana jugando, bebiendo y consumiendo drogas. En general, la gente adicta a la novedad cambia a menudo de empleo, de cónyuge y de entorno sin el menor prejuicio, y a causa de su falta de imaginación, perpetúan el aburrimiento y la insatisfacción.

Los perfeccionistas, que se plantean estándares de vida elevadísimos y nada realistas, son los máximos candidatos al aburrimiento e incluso a la depresión.

Dichos estándares los establecen no sólo para sí mismos, sino también para sus amigos. Se supone que todo en la vida tiene que ser excitante e interesante, incluyendo sus potenciales parejas conyugales, y si llegado el momento no resultan tan superatractivas como deseaban, ser aburren y al final las abandonan porque ya no pueden soportar semejante situación, pero sin reconocer jamás que el fracaso habita en sí mismos.

> La vida es demasiado brebe para perder el tiempo sin saber qué hacer.
>
> *Storm Jameson*

Hay que combatir el aburrimiento cada vez que se presenta, y el único modo de hacerlo es usando la imaginación. La voluntad de asumir la responsabilidad de tu aburrimiento es la fuerza creativa que lo disipará. Cuando reconozcas que tu actitud determina tu calidad de vida, estarás en el buen camino para eliminar el tedio y el abatimiento.

La falta de espontaneidad es un rasgo característico de la muerte

Una forma de aprender a vivir el presente y superar el aburrimiento consiste en ser espontáneo aquí y ahora. A diferencia de la mayoría de los adultos, los supercreativos tienen la capacidad de ser espontáneos. La espontaneidad es, a todos los efectos, sinónimo de vida creativa. La gente creativa es desinhibida y expresa sus verdaderos sentimientos. Al igual que los niños, es capaz de jugar y de comportarse alocadamente, así como de tomar la decisión de hacer algo movida por el impulso, sin haberlo previsto de antemano.

> Aprende a disfrutar las pequeñas cosas de la vida, pues las grandes no suelen llegar muy a menudo.
>
> *Andy Rooney*

¿Hasta qué punto eres espontáneo? ¿Te ciñes siempre a los planes? ¿Sigues siempre una rutina preestablecida? ¿Con qué frecuencia ignoras lo que has planificado y haces algo diferente? Me he dado cuenta de que cuando hago algo espontáneamente, me suceden cosas inesperadas e interesantes. Muchas veces vivo experiencias reconfortantes que nunca habría soñado de haberme ceñido a mis planes.

Abraham Maslow, el famoso psicólogo humanista, creía que la espontaneidad era un rasgo que se suele perder con la edad. Decía lo siguiente: «Casi todos los niños pueden componer una canción, un poema, un baile, pintar o jugar a algo movidos por el impulso, sin planificarlo y sin ni siquiera haberlo intentado previamente». Según Maslow, la mayoría de los adultos pierde esta capacidad, si bien descubrió una pequeña fracción de ellos que no la perdían, y en el caso de hacerlo, la recuperaban más adelante. Son los individuos autoconscientes, que han alcanzado un estado de salud mental excepcional, o de plenitud humana, como lo denominaba Maslow. Las personas autoconscientes son cada vez más espontáneas y creativas a medida que avanzan hacia la madurez.

> ¡Qué vida tan maravillosa he tenido! Ojalá me hubiese dado cuenta antes.
>
> *Colette*

Observa a los niños para refrescar la noción de espontaneidad. Si puedes ser un niño, puedes ser espontáneo, lo que significa desafiar tus planes y ser capaz de intentar algo nuevo impulsivamente por la mera curiosidad de saber si te gusta. Aunque es probable que casi todos los contables e ingenieros estuviesen dispuestos a intentar planificar la espontaneidad, lo cierto es que nadie puede hacerlo. «Planificar la espontaneidad» es un oxímoron; espontáneo significa imprevisto, no planificado.

Ser espontáneo también equivale a dar más oportunidades a la vida. Cuanto mayor sea el número de oportunidades que cada cual deje entrar en su mundo, más interesante será ese mundo. Permite el acceso a más gente, comunícate con ella y expresa tus puntos de vista, sobre todo si son diferentes de los tuyos. Podrías aprender algo nuevo.

> Las únicas personas totalmente coherentes son las muertas.
>
> *Aldous Huxley*

Acuérdate de ser espontáneo con regularidad. Acostúmbrate a hacer a diario algo que no hayas planificado. En el momento menos pensado, elige algo nuevo y emocionante y hazlo sin dilación, aunque se trate de una cosa trivial, intrascendente, como ir hasta un sitio determinado siguiendo otra ruta, almorzar o cenar en un restaurante distinto o entretenerte con algo nuevo en tu tiempo libre. Si introduces una innovación en todas tus actividades, tu vida será mucho más interesante.

Sé un holgazán creativo y serás más productivo

La compañía de Henry Ford contrató a un experto de prestigio para analizar el rendimiento de la firma. El informe emitido fue muy favorable, salvo en lo que se refiere a un empleado, sobre que el auditor abrigaba serias dudas. El experto dijo a Henry Ford: «El holgazán de este despacho está dilapidando su dinero. Cada vez que entro está sentado con los pies encima del escritorio». Ford respondió: «Una vez, aquel holgazán tuvo una idea que nos permitió ahorrar millones de dólares». Y añadió: «Cuando concibió aquella idea, tenía los pies exactamente donde los tiene ahora —encima del mismo escritorio».

Henry Ford defendió al empleado de los pies en el escritorio porque era consciente del valor de los holgazanes creativos. Su rendimiento es extraordinario, ya que tienden a ser muy productivos e innovadores en un marco temporal óptimo.

No hay duda de que los holgazanes creativos experimentan un síndrome de trabajofobia. Sin embargo, son capaces de hincar los codos y trabajar duro cuando están en el estado de ánimo propicio o cuando es necesario hacerlo. A largo plazo, estos individuos supereficaces suelen ser más productivos que trabajofóbicos.

> La fórmula de la felicidad completa consiste en estar muy ocupado en cosas intrascendentes.
>
> *A. Edward Newton*

En el transcurso de la historia ha existido muchísima gente creativa cuya productividad fue una consecuencia de su capacidad de haraganear o de dejarse llevar por el holgazaneo creativo. Mark Twain escribió una buena parte de su obra en la cama. Samuel Johnson casi nunca se levantaba antes del mediodía. Entre otras personas supercreativas y que fueron considerados unas auténticos vagos destacan Oscar Wilde, Bertrand Russell y Robert Louis Stevenson.

Si quieres mejorar tu calidad de vida, desafiar tu pensamiento en relación con el trabajo y el tiempo libre constituye otra idea excelente. Según la creencia general, trabajar muchas horas es la clave del éxito, aunque a decir verdad, esto casi nunca suele ser así. Por alguna misteriosa razón, la gente que propugna las virtudes del trabajo duro en nuestra sociedad ignora el hecho de que varios millones de individuos se pasan toda la vida profesional dando vueltas y vueltas a la noria del molino y lo único que consiguen es... ¡marearse! Desde luego, no logran hacer realidad sus sueños.

En 1996, *The Economist* informó que, si bien el exceso de trabajo era algo común en Norteamérica, por lo menos algunas empresas empezaban a ver la luz y a oponer resistencia. Por ejemplo, Hewlett-Packard ha puesto en marcha una campaña para persuadir a sus cien mil empleados de la necesidad de conseguir un mayor equilibrio entre el trabajo y el tiempo libre, preguntándose cuál es el valor que se deriva de una tarea determinada y qué sucedería si no se realizara. Susan Moriconi, directora del programa Work/Life («Vida/Trabajo») de la compañía, dice que trabajar muchas horas diarias y hacer viajes de negocios innecesarios reduce la creatividad y desgasta física y emocionalmente a los empleados.

La mayoría de la gente no se ha parado a pensar que la creencia de que el trabajo duro es un mérito puede producir graves perjuicios. Aunque el trabajo es necesario para la supervivencia, dedicarle más horas de las aconsejables no contribuye tanto como algunos imaginan al bienestar del ser humano.

> Se intoxican con trabajo para no ver cómo son en realidad.
>
> *Aldous Huxley*

Cómo llenar la vida de ocio

Vivir el presente es extremadamente importante para dominar el arte de aprovechar el tiempo libre. Se supone que el ocio debería ser fácil de administrar, ya sea en los fines de semana o a partir de la jubilación, pero nada más lejos de la realidad. El individuo está socializado para trabajar con ahínco y sentirse culpable cuando no trabaja. Mucha gente teme el tiempo libre o simplemente no sabe disfrutarlo. Algunos investigadores afirman que la mayoría de norteamericanos no quieren más tiempo libre, ya que lo único que tiene significado y les da satisfacción es hacer cosas.

Principio de la creatividad:

Sé espontáneo

Utilizar el tiempo de ocio con sabiduría requiere disciplina y una determinada actitud. Para llegar a ser un verdadero *connoisseur* del tiempo libre hay que detenerse de vez en cuando y oler las rosas. El ocio debería ir más allá de la posibilidad que nos brinda de descansar en pro del trabajo. El auténtico tiempo libre hay que dedicarlo a actividades tales como una conversación íntima, los deportes, el sexo o contemplar un ocaso, es decir, en pro de disfrutar de la actividad en sí misma. En efecto, el verdadero ocio es el que se disfruta por mero placer y no para ser más productivo en el trabajo.

Si eres incapaz de imaginar ninguna actividad de la que gozar en tu tiempo libre, salta a la vista que estás trabajando demasiado y que no has dedicado el tiempo suficiente a conocerte. Pero nunca es tarde para desarrollar un nuevo interés, aprender un nuevo deporte o estudiar una nueva disciplina académica. Empieza escribiendo las cosas que te gustaría hacer en la vida antes del postrer día. En la lista puedes incluir lo que te encanta hacer ahora, lo que te encantaba hacer en el pasado pero que ya no haces, y lo que desearías hacer en el futuro y que aún no has intentado. Piensa en todo lo que te fascina de la vida, y luego procura asociarlo a actividades de ocio que puedas realizar. Ésta es la lista que confeccionó la escritora británica Agatha Christie (1890-1976), tal y como se incluye en el libro *Agatha Christie: An Autobiography*. Quién sabe, quizá te inspire:

> Si a la gente realmente le gustara el trabajo, aún estaríamos arando la tierra con palos y transportando mercancías a la espalda.
>
> *William Feather*

- Sol.
- Manzanas.
- Casi cualquier estilo de música.
- Ferrocarril.
- Rompecabezas numéricos y todo lo relacionado con los números.

- Ir al mar.
- Bañarme y nadar.
- Silencio.
- Dormir.
- Soñar.
- Comer.
- El aroma del café.
- Lirios de los valles.
- La mayoría de los perros.
- Ir al teatro.

Como observarás, la calidad del tiempo libre depende de estar comprometido en la realización de unas cuantas actividades que impliquen riesgo y desafío. Las actividades pasivas, tales como ver la televisión e ir de compras, no generan demasiada satisfacción. Entre las actividades activas cabe citar la lectura, la escritura, el ejercicio físico, hacer un cursillo y el aprendizaje de una lengua extranjera. Dado que implican un cierto riesgo y desafío, resultan más agradables y satisfactorias.

La calidad de vida depende de cómo se emplea el tiempo libre. Ser uno mismo significa decidir cómo se debe utilizar el ocio para que refleje la individualidad y personalidad de cada cual, o lo que es lo mismo, elegir un programa de actividades sin tener que preocuparse de lo que gusta o disgusta a los demás. Usar el tiempo libre con sensatez garantiza la posibilidad de seguir evolucionando y aprendiendo a lo largo de las distintas etapas de la vida. No olvides nunca los sencillos placeres de la vida, y en el caso de que te aburras o te sientas solo, recuerda que tienes innumerables alternativas, como por ejemplo las siguientes:

> El trabajo es el refugio de quienes no tienen nada mejor que hacer.
>
> *Oscar Wilde*

- Ir a una cafetería y observar a la gente.
- Mantener una conversación de corazón a corazón con un niño de seis años.
- Dar un paseo por el parque durante un par de horas.
- Hacer la siesta.
- Hacer algo irrazonable.
- Planificar una fiesta e invitar a gente interesante.
- Caminar por un arroyo con los pies desnudos.
- Leer algún libro de Jane Austen o Danielle Steele.
- Asistir a un concierto.
- Practicar un nuevo deporte por el simple placer de divertirte.
- Contemplar las maravillas de la naturaleza que te rodea.

- Pensar que estás disfrutando de unas minivacaciones.
- Empezar a escribir un libro.
- Pasar todo el día en un parque observando a la gente.
- Observar a los niños jugando.
- Llamar por teléfono a un viejo amigo con el que no hablas desde hace mucho tiempo.

Si el trabajo duro fuera tan maravilloso, los ricos se lo hubiesen quedado todo para ellos.

Lane Kirkland

Procura conocer nuevas personas, nuevos lugares y nuevos puntos de vista. Lo desconocido e inesperado añadirá un toque de exquisitez a tu experiencia en la vida. Algunas actividades, tales como la música, la meditación y los paseos por un parque pueden ser espirituales en sí mismas. Arriésgate, experimenta y no olvides divertirte mientras lo haces. Genera energía creativa para seguir adelante de un modo positivo, independientemente de los sucesos negativos que parecen confabularse en tu contra. Busca razones para hacer cosas importantes y no para dejar de hacerlas.

Mis aficiones personales son la lectura, escuchar música y el silencio.

Dame Edith Sitwell

Comamos, bebamos y seamos felices, porque mañana moriremos

Huir de la febril competitividad actual y ampliar el tiempo libre es fundamental para enriquecer la vida. Menos puede ser más. Se necesita coraje y confianza en la propia intuición para efectuar un cambio drástico en la vida y obtener seguridad y una extraordinaria cantidad de dinero durante el proceso. Esta carta me la envió Rita, de Vancouver, que decidió dejar su empleo.

Apreciado Sr. Zelinski:

He terminado de leer su libro *The Joy of Not Working* (sí, también hice todos los ejercicios). ¡Me encanta! Felicidades por su fantástica obra.

Durante los últimos doce años había estado dando clases siete días a la semana, entre seis y doce horas al día, y sin poder disfrutar de un solo día de vacaciones, en una escuela de música. En su día, acepté el empleo para cubrir los gastos de mis estudios de comercio, pero luego, una vez licenciada, seguí trabajando durante otros cinco años.

Aquel empleo me estaba arruinando la vida, de manera que me «jubilé» (después de todo, aún estoy en los veintitantos). Pero pese a sentirme muy feliz por la decisión que había tomado, no estaba preparada para afrontar mi nuevo estilo de vida. Mis amigos y colegas me criticaron muchísimo y tuve que buscar otras formas de pasar el tiempo libre.

Leer su libro me ha convencido de que la decisión que tomé era correcta. Ahora incluso me siento orgullosa de no trabajar.

Saludos cordiales.

Rita

> Trabajamos para llegar a ser alguien, no para comprar algo.
> *Elbert Hubbard*

> El trabajo es lo que haces para que algún día no tengas que hacerlo nunca más.
> *Alfred Polgar*

Seis meses más tarde, tuve la ocasión de hablar con Rita. Su año sabático le había sentado de maravilla. Me contó que había vuelto a trabajar, pero menos horas, disfrutando más de su empleo y siendo más productiva. Si te reorientas hacia una nueva relación con el tiempo libre, controlarás y equilibrarás mejor tu vida. Si optas por la máxima eficacia y el equilibrio entre el trabajo y el ocio, en lugar de convertirte en un trabajoadicto, te divertirás mucho más en la vida. Recuerda que puedes estar menoscabando tu vida si dedicas demasiadas horas al trabajo y muy pocas a las actividades de ocio. La vida en comunidad y la calidad de las tareas profesionales que estés desempeñando también se resentirán. Ten presente que no hay nadie que en su lecho de muerte diga: «Ojalá hubiese trabajado más».

Vivir a conciencia significa ser capaz de experimentar el presente, el aquí y ahora. Si aprendes a gozar más y mejor de tu tiempo libre y a ser más consciente del presente tu vida será muchísimo más emocionante. Estar aquí y ahora es aprender a prestar atención al mundo que te rodea para controlar los hechos importantes de tu existencia. Si experimentas el aquí y ahora en tus actividades recreativas, los días rebosarán riqueza e intriga.

> Cuando el placer interfiere con el trabajo, deja el trabajo.
> *Un sabio anónimo*

Las actividades del tiempo libre proporcionan oportunidades ilimitadas de crecimiento y satisfacción. Como individuo creativo deberías tener la capacidad y la libertad de encontrar el tiempo necesario para seleccionar tareas constructivas. La gran ventaja de ser creativo reside en poder diseñar tu agenda de trabajo, tu ocio, tus amigos y tus relaciones para conseguir un estilo de vida exclusivo.

No malgastes el tiempo soñando y fantaseando en cuánto mejorarían las cosas si tuvieras más dinero o un empleo más adecuado o si conocieras a alguien influyente. La importancia de vivir el presente debería ser tan clara para ti como lo es un momento de verdad para un maestro de zen. Si pospones la ocasión de vivir la vida, es probable que se te escape definitivamente entre los dedos. El momento de empezar a vivir es ahora. Como dijo un sabio anónimo: «Comamos, bebamos y seamos felices, porque mañana moriremos».

Creatividad es una palabra de dos letras

¿Por qué debes convertirte en un artista de los cambios rápidos?

En los capítulos anteriores hemos examinado algunos principios que considero vitales para el éxito creativo. Si se aplican con regularidad, pueden influir de un modo decisivo en la vida, pero aun en el caso de que su aplicación sea discontinua, tenemos la ocasión de causar un profundo impacto no sólo en nuestra vida, sino también en la de nuestros semejantes.

La cuestión es: «¿Está asegurado el éxito profesional aplicando todos los principios de la creatividad?». Antes de responder me gustaría que observaras el mundo tal cual es hoy en día. Las condiciones que reflejan el mundo moderno —el clima en el que estamos obligados a debatirnos, pues carecemos de la menor alternativa a la hora de elegir si desearíamos o no escapar de ellas— son las siguientes:

- Cambios intensos y acelerados.
- Sucesos impredecibles.
- Circunstancias inestables y caóticas.
- Impacto de la alta tecnología.
- Inconvenientes y desventajas.
- Poderosas fuerzas de consumo.
- Economía global.

> Crees comprender la situación, pero lo que no comprendes es que la situación
> ha cambiado.
>
> *Proverbio financiero*

¡Bienvenido al emocionante fin de la década de 1990 y al estreno del nuevo milenio! Actualmente, nadie puede permitirse el lujo de dar nada por sentado en el lugar de trabajo. Además de rápidos, los cambios se aceleran a cada paso hasta alcanzar un ritmo endiablado. La gente cree que el inicio de la década de 1990 fue una época de cambios fulminantes, pero ahora el índice de cambios en aquel momento parece el paso de un caracol (y un pedazo de rica tarta) comparado con el de finales de dicha década, y a medida que nos aproximamos al nuevo milenio, podemos esperar que el índice de cambios se acelere aun más si cabe, lo que significa la existencia de una única certeza en el mundo actual: si todavía no lo has advertido, la única certeza es la incertidumbre.

> Cuanto más impredecible se vuelve el mundo, más confiamos en las predicciones.
>
> *Steve Rivkin*

Para afrontar la estructura del mundo moderno hay que convertirse en un artista de los cambios rápidos. Fíjate en los recientes titulares de algunas publicaciones, tales como *Globe & Mail, USA Today* y *Fortune*. Leerás: «¿Hasta qué punto es seguro su empleo?», «Oportunidades cada vez más limitadas para los arquitectos», «Cuando la empresa decrece en lugar de crecer», «¿Por qué tantos directivos norteamericanos abandonan las compañías para hacer la guerra por su cuenta?», «¿Qué está sucediendo con el empleo en América?», y «¿Cómo se las arregla el nuevo ejecutivo en el paro?». Estos titulares confirman que la incertidumbre es uno de los factores que debemos dar por supuesto en el centro de trabajo; más allá, no existe la menor garantía.

> El único cuento de hadas moderno es aquel que empieza así: «Había una vez un trabajo seguro».
>
> *Un sabio anónimo*

De manera que si seguimos a pies juntillas los principios de la creatividad de este libro, el éxito no estará asegurado. En tal caso, ¿por qué deberíamos aplicarlos? Simplemente porque las posibilidades de éxito creativo aumentan de un modo extraordinario. Perseverar en ser creativo nos ofrecerá sus recompensas en la mayoría de los proyectos que emprendamos, si no en todos.

Como artista experto en los cambios rápidos, serás capaz de adaptarte a la forma de las cosas futuras. Para hacer frente con eficacia al ritmo sin precedentes de la vida actual, deberías tallar en piedra tus opiniones, creencias y valores. Evita las conductas rígidas y tu vida será mucho más fácil en el nuevo mundo. Algunas personas están convencidas de que cambiar los valores, creencias u opiniones es un síntoma de debilidad. Nada más lejos de la realidad. La capacidad de cambio significa fuerza y voluntad de evolucionar.

Habría mucho que decir del refrán según el cual sólo el loco y el muerto no cambian nunca sus creencias y opiniones. Como ya he dicho anteriormente, no importa quién seas: puedes cambiar. Cuanto más inflexible y menos perceptivo seas, más problemas tendrás en la vida y a la hora de adaptarte a este mundo que cambia con tanta rapidez.

Como ya he dicho en el prólogo, mi experiencia en impartir seminarios de creatividad revela que la gente que más necesita cambiar su forma de pensar es la que más resistencia opone al cambio. El caso contrario, es decir, los individuos supercreativos y que se adaptan con facilidad a cada situación, también es aplicable. Para ellos, cambiar es emocionante; siempre están dispuestos a desafiar sus propios puntos de vista y a modificarlos si es necesario.

No poner nunca en tela de juicio la propia opinión para comprobar si sigue siendo válida implica, como mínimo, dos peligros inherentes:

• El primero consiste en quedar encerrado a cal y canto en una única forma de pensar, sin ser capaz de tener en cuenta otras alternativas que podrían resultar más apropiadas.

• El segundo reside en la posibilidad de adoptar un conjunto de valores que en su momento tengan mucho sentido. Pero el tiempo pasa, y con el tiempo, las cosas cambian, y los valores originales dejan de ser adecuados. No obstante, el individuo sigue funcionando con sus valores originales, ya obsoletos.

> Lo que realmente cuenta es lo que aprendes después de saberlo.
>
> *John Wooden*

El nuevo milenio será frustrante y exento de recompensas para quienes hayan optado por no utilizar sus capacidades creativas. Asimismo, aquéllos que hayan desarrollado sus técnicas creativas y persistan en su uso dispondrán de múltiples oportunidades. El futuro pertenece a quienes aprenden a afrontarlo y se esfuerzan a pesar de la incertidumbre. La gente que haya aprendido a pensar lateralmente, a buscar muchas soluciones, a observar lo evidente, a asumir riesgos, a celebrar el fracaso, a explorar a fondo las ideas y que se sienta atraída por el caos estará en la vanguardia de los negocios. Serán ellos los que marcarán la diferencia como emprendedores en sus compañías o como líderes de las organizaciones progresistas del nuevo mundo.

Un nuevo paradigma del éxito

He observado que algunas personas se aferran a mis libros por motivos totalmente erróneos; confío en que éste no sea tu caso. Thomas Carlyle dijo: «El mejor efecto que puede causar cualquier libro es el de impulsar al lector a la autoactividad». Me gustaría creer que el mío te ha abierto las puertas a un nuevo estilo de vida. Ha llegado la hora de reunir todo el material importante para tu vida y «echar a correr». Espero que, de algún modo, te sientas motivado para hacer frente a algunas de las dificultades que sin duda encontrarás a corto plazo, para que tu vida sea más fácil a largo plazo. Como ya has aprendido a estas alturas, la vida no es fácil, pero siguiendo los diecisiete principios de la creatividad que hemos examinado en este libro, no resulta tan complejo crear una vida reconfortante en el trabajo y el tiempo libre.

Habrá quienes crean que esta obra constituye una especie de fórmula mágica para hacerse rico y famoso. El éxito creativo no guarda ninguna relación con la riqueza y la fama. Si hasta la fecha la vida no te ha resultado demasiado satisfactoria y tienes el convencimiento de que el prestigio y la fortuna es lo que te falta para conseguirlo, deberás cambiar de paradigma para volver al camino correcto. Un paradigma es una creencia o explicación de una situación compartida por un grupo de individuos. El paso de un viejo a un nuevo paradigma constituye una forma completamente nueva y diferenciada de pensar en los viejos problemas.

Tu cambio paradigmático debería implicar la modificación de las creencias acerca del éxito. El éxito es posible sin ser rico o famoso. El éxito que vende la sociedad equivale a un empleo bien remunerado, un estatus social de celebridad, una casa enorme y un automóvil lujoso. Pero ésta no es la única forma de definir el éxito. En efecto, con un cambio de paradigma, el éxito adopta un significado distinto.

La gente realmente creativa y triunfadora se preocupa por el mundo que le rodea, y no se concentra sólo en sí misma y en su profesión o negocio, sino también en el entorno, en los pobres, los desfavorecidos y la necesidad de que haya paz en la Tierra.

Hoy en día, ser emprendedor se ha convertido en un objetivo para muchas personas. Si quieres serlo porque te proporcionará fama y fortuna, nunca serás un genuino emprendedor. Si lo fueras, estarías pensando en la forma de conseguir que el mundo fuese un lugar más adecuado para vivir. La satisfacción que produce ganarse modestamente el sustento vendiendo un producto que mejora la vida de los demás es diez veces superior a la de amasar una enorme fortuna con algo que en nada beneficia al mundo, como en el caso de participar en una estructura piramidal o vender tabaco de contrabando.

La conocida frase de Vince Lombardi, «ganar es lo único que importa», tampoco debería tomarse como el único éxito posible. Algunas personas consideran que los jugadores de los Buffalo Bills de la Liga Nacional de Fútbol Americano son unos «perdedores» porque fracasaron en su intento de lograr la Su-

> Si quieres oír hablar del poder y la gloria de la riqueza, pregúntaselo a quien la anda buscando. Pero si quieres aprender las cargas y dificultades de la riqueza, pregúntaselo a quien haya sido rico durante mucho tiempo.
>
> *Stanley Goldstein*

> «No quiero ser el hombre más rico del cementerio.»
>
> *Canción de Ben Kerr*

198

perbowl cuatro años seguidos. Pero ¿cuántos otros equipos de la NFL han sido capaces de competir en la Superbowl cuatro años seguidos? No muchos. En realidad, los Buffalo Bills son uno de los equipos de mayor éxito. Aun así, un sinfín de cabezas huecas se empeñan en llamarles «perdedores».

No es fácil resistir la tentación de pensar en un individuo que ha triunfado en la vida como en alguien que es rico y famoso. La fama y fortuna están muy bien como complemento en la vida —la guinda que corona el pastel—, pero no son esenciales para llevar una vida creativa y productiva. La obsesión por la fama y la fortuna es un signo de debilidad en los valores comunes occidentales. Si los has adoptado, deberías ir empezando desde hoy mismo a considerar la posibilidad de ver las cosas de otro modo. Creer que la fama y la fortuna son necesarias para alcanzar la felicidad y el éxito sólo te conducirá a la insatisfacción y la falta de plenitud en la vida.

Esta carta que me envió alguien que había leído *The Joy of Not Working* revela el poder de redescubrir la creatividad con un propósito diferente del de la fama y la fortuna.

Sr. Zelinski:

Su libro *The Joy of Not Working* pone de relieve muchas de las cosas que funcionan mal en la sociedad, como el materialismo y la actitud desmesurada que tenemos respecto al trabajo. Pero lo que más me impresionó fue su insistencia en que la gente debería usar su creatividad e imaginación para sacar un mayor partido de la vida.

Después de leer el libro empecé a analizar mi vida desde una perspectiva diferente, y cuál fue mi sorpresa al descubrir una vertiente creativa en mí que desconocía. Dediqué el año pasado a escribir un libro y nunca me había sentido mejor que ahora por el mero hecho de hacer algo. Tanto, que no he podido evitar escribirle. Durante la elaboración del libro, mi lema ha sido siempre el de la página 138 del suyo: «Si hay alguien más, además de mí, que disfrute leyéndolo, es un éxito; cualquier cosa que vaya más allá de esto es un plus».

Atentamente,

N. K.

> Para algunas personas, el éxito depende de ser muy conocidas, y para otras depende de que nunca nadie repare en ellas.
>
> *Ashleigh Brilliant*

Tanto si escribes como si aprendes a tocar el piano con una finalidad que exceda la mera pretensión de ganar dinero, siempre habrá una senda creativa que contribuirá a confirmar tu propia creatividad. Ser un pensador creativo te permite descubrir los méritos inherentes al hecho de modificar tus valores con un énfasis más moderado en la fama y el materialismo. No hay vuelta de hoja: independientemente de lo rico y popular que hayas sido en vida, el número de personas que asistan a tu funeral dependerá de si llueve o hace sol.

Si quieres encontrar más cosas fuera, mira dentro

Conseguir que la vida merezca la pena y sea satisfactoria siendo más creativo y disfrutando de los innumerables placeres que ofrece la vida es algo que está al alcance de cualquiera. El éxito sólo requiere una misión o una finalidad importantes, un elevado nivel de autoestima, una actitud positiva y la capacidad de gozar del tiempo libre. Este libro se ha centrado en gran medida en el mundo exterior, pues es innegable que en este mundo se puede lograr un cierto grado de felicidad mediante la proyección externa. Trabajar en un empleo interesante, jugar al tenis, relacionarse con los amigos y conocidos, viajar a lugares exóticos e ir a la ópera puede aportarnos una considerable cantidad de bienestar en la vida. Sin embargo, no hay que olvidar los placeres derivados de cultivar el ser interior. En efecto, el mundo exterior sólo ofrecerá placeres ocasionales y esporádicos si no se dedica el tiempo necesario al desarrollo del ser espiritual. Para aprovechar mejor el mundo que nos rodea debemos estar en sintonía con el mundo interior.

> Pintar un hermoso cuadro es mucho más importante que venderlo.
>
> *Edward Alden Jewell*

> Somos quienes tenemos una auténtica y profunda vida interior los más capaces de hacer frente a los irritantes detalles de la vida exterior.
>
> *Evelyn Underhill*

El ser espiritual, que probablemente sea el elemento más importante para poder gozar de una vida reconfortante una vez satisfechas las necesidades básicas, suele ser también el más descuidado, ignorado o negado por el individuo en una sociedad orientada al materialismo como la nuestra. Mucha gente busca algo exterior para llenar un vacío que en realidad sólo se puede llenar desarrollando un rico mundo interior. La sociedad enseña a valorar las cosas materiales y a descartar las fuentes internas intangibles que todo ser humano posee. Se supone que la vida fácil está a la vuelta de la esquina con la consecución de un nuevo empleo, un premio en la lotería o un nuevo matrimonio. Las personas orientadas desesperadamente hacia el exterior andan en busca de un salvador como fuente externa, cuando lo cierto es que el salvador es una fuente interna. Este tipo de individuos se hallan a merced de los juicios sociales, que lo único que hacen es limitar las oportunidades de crecimiento y desarrollo personal.

El taoísmo, al igual que otras religiones, nos enseña que mirando al interior

200

se encuentra todo lo necesario para conseguir la felicidad en la vida. La luz está en el interior y la claridad simplifica la vida. El taoísmo destaca que la sencillez es la verdadera expresión del poder del ser humano. El mundo interior constituye el fundamento de la confianza en uno mismo y de la valía personal.

La orientación hacia el interior quizá no parezca importante a los ojos de un adolescente o de quien acaba de cumplir veintipocos años, pero es un ingrediente fundamental del autodesarrollo cuando se avanza hacia la madurez. Para acceder al ser espiritual se requieren niveles de consciencia muy superiores a los que se usan en el deporte, el ocio o el trabajo. Los solteros bien equilibrados no están a merced del mundo exterior, puesto que han dedicado el tiempo necesario a desarrollar un rico mundo interior.

Es precisamente en el mundo interior donde se esconde el secreto de una vida repleta de júbilo, satisfacción y felicidad. Si adquieres un compromiso con la vida interior y con la voz que te habla desde dentro, tendrás a tu disposición una fuerza y una confianza imposibles de conseguir en el mundo exterior. La única forma de escapar de la soledad y la desesperación consiste en desarrollar la espiritualidad. El autodesarrollo puede ser misterioso, pero también es maravilloso y fascinante. El crecimiento personal y la capacidad para autocuestionarse proporcionan autodeterminación, lo que a su vez redunda en una mayor libertad. Si quieres encontrar más cosas fuera, mira dentro.

Las personas muy creativas nunca vuelan demasiado alto

Si te fijas en la gente creativa, verás que triunfan en el trabajo y en el juego. Veamos cuáles son los rasgos característicos de las personas supercreativas que poseen un perfecto equilibrio en la vida.

Los individuos creativos son diferentes. La mayoría de la gente pasa el tiempo intentando adaptarse a la sociedad. Se conforman porque buscan la aprobación y la aceptación de los demás, y no quieren sobresalir. Por el contrario, para los individuos creativos ser diferentes no constituye ningún problema. Sobresalen en todas las situaciones de la vida. Tanto en el trabajo como en el tiempo libre hacen caso omiso de lo que piensan sus semejantes. No permiten que la sociedad les dicte cómo deben comportarse ni pierden un minuto en charlas sobre temas triviales por el mero hecho de que sea lo correcto y educado. Para los creativos, el conformismo es monótono e interfiere en su capacidad de hacer lo nuevo y re-

> *Es preferible ser un león durante un día, que una oveja toda la vida.*
>
> *Hermana Elizabeth Kenny*

confortante, y dado que no buscan la aprobación general, son mucho más libres para realizar actividades recreativas que contribuyan al crecimiento y la satisfacción personales.

La gente creativa se siente cómoda con el cambio y la incertidumbre. En el caótico mundo actual, las personas creativas, tanto en el trabajo como en el tiempo libre, dan la bienvenida a los cambios con los brazos abiertos y no se sienten amenazados por la incertidumbre. Con el cambio llega una nueva oportunidad de aprender y evolucionar. Quienes saben utilizar su capacidad creativa, no sólo afrontan el caos de la era contemporánea, sino que lo buscan con ansia y lo aprovechan para prosperar.

Las personas creativas son entusiastas de la vida. Entusiasmo no es lo mismo que excitación. La excitación es un estallido ocasional de energía o alegría, pero el entusiasmo es una energía interna que fluye desde la esencia del ser humano. Los individuos creativos han dedicado el tiempo necesario a desarrollar un inapreciable mundo interior, proyectan un deseo constante de vivir y no tienen que confiar en influencias externas para sentirse excitados o emocionados. Aunque de vez en cuando la gente no entusiasta puede mostrarse excitada ante un estímulo externo, su deseo de vivir es escaso. Las personas creativas son capaces de disfrutar de la televisión, las fiestas, los clubes nocturnos y las tabernas, pero nunca las encontrarás desperdiciando demasiado tiempo en tales menesteres, sino gozando de actividades más reconfortantes, aquellas a las que los no entusiastas no prestan la menor atención.

Los individuos creativos se sienten automotivados y tienen objetivos definidos. En efecto, definen unas metas específicas y las persiguen a toda costa. Los objetivos les confieren un propósito, y para alcanzarlos se requiere motivación. Teniendo en cuenta que los creativos son realizadores natos, no necesitan que ningún orador les estimule, a diferencia de las personas desmotivadas. Disponen del suficiente autocontrol para salir de casa y hacer lo que quieren hacer. Cuando el individuo creativo pierde el empleo, y con él su propósito, crea otro nuevo, y a partir de ese momento el nuevo objetivo es tan importante, si no más, que el que tenía en el desempeño de su profesión.

La gente creativa se lo pasa en grande aunque no tenga a nadie a su alrededor. Los creativos no necesitan estar rodeados de gente —su lema es: «Mejor solo que mal acompañado»—, y al no depender directamente de los demás, desarrollan unas cuantas relaciones de amistad de calidad en lugar de muchas pero superficiales. Para ellos, estar solo no es sinónimo de soledad. Saben que quienes siempre tienen que estar con otros son precisamente los más solitarios. Las personas creativas no sólo disfrutan estando solas, sino que a menudo también reclaman su intimidad. Poseen un rico mundo interior para complementar su rico mundo exterior, y su capacidad para estar solos hace que les resulte muy fácil sentirse satisfechos cuando no tienen a nadie a su alrededor. Aun así, verás que la gente creativa suele ser la más sociable.

Los individuos creativos se sienten libres al fracasar. Saben cómo fracasar y no consideran el fracaso de la forma en que lo hace la mayoría de la gente, Para ellos, el fracaso es un instrumento para el éxito. Han descubierto que la mejor manera de duplicar su índice de éxitos consiste en duplicar su índice de fracasos. Para triunfar en una profesión es indispensable haber sufrido innumerables reveses, y lo mismo es aplicable a la vida recreativa, al ocio, al tiempo libre. Sólo experimentando un fracaso regular es posible alcanzar un éxito espectacular.

Las personas creativas son aventureras. Les gusta explorar el mundo que les rodea, viajar a lugares desconocidos, conocer gente y ver cosas nuevas. Al asumir riesgos con moderación, siempre buscan actividades con un cierto componente de peligrosidad. Curiosa por naturaleza, la gente creativa está ávida por vivir intensamente cada momento presente de su vida. Las posibilidades de hacer, pensar, sentir, amar, reír y vivir son ilimitadas.

> Ningún pájaro remonta vuelo demasiado alto si vuela con sus propias alas.
>
> *William Blake*

A la vista de los rasgos característicos de los individuos creativos que acabamos de examinar, es evidente que tu actitud positiva frente a la vida es el factor más importante que posees. Modelando tu actitud harás de la vida lo que realmente es. Sólo tú debes hacer tu cama. Nadie lo hará en tu lugar. Sólo tú debes esforzarte para conseguir que tu vida funcione. Sólo tú puede generar la alegría, el entusiasmo o la motivación para vivir la vida al máximo.

Pensar para cambiar

Llegados a este punto ya deberías haber advertido que la vida creativa va mucho más allá de «una gran idea». Ahora tienes que hacer algo con lo que has aprendido. La actividad y la movilidad interior te llevarán muy lejos. Debes amar el mundo para poder servirte de él. Ve en busca del crecimiento, de la evolución, no de la perfección. Eres el creador del contexto en el que ves las cosas y eres tú quien debes encontrar una forma de disfrutar de las actividades que realizas.

Deja que tus intereses sean lo más amplios posible; merece la pena experimentar la variedad en la vida.

Dejar atrás tus creencias y percepciones presentes te puede franquear el paso a un sinfín de nuevas dimensiones que vivir. Desarrolla la suficiente fuerza mental para cuestionar todo lo que crees. Aprende a deshacerte de las viejas creencias que no te llevan a ninguna parte, como lo harías de las malas hierbas en el jardín, y al mismo tiempo desarrolla la capacidad de adoptar nuevos valores y comportamientos «frescos» para comprobar si dan resultado. Desafiando y cambiando tu forma de pensar sentarás las bases de nuevas perspectivas y nuevos valores para sustituir a las creencias que hayan quedado obsoletas.

> Ninguna idea portentosa es absolutamente fascinante ni absolutamente inútil hasta que decidimos usarla.
>
> *Richard Bach*

Se puede cambiar la calidad de vida cambiando el contexto en el que observamos las circunstancias. Dos personas pueden encontrarse en una misma situación, como por ejemplo, haber sido despedidos del trabajo, pero una de ellas lo puede considerar una bendición y la otra una maldición. Cambiar el contexto de la situación depende de la capacidad de desafío y flexibilidad del pensamiento. La mayoría de nosotros no dedicamos el tiempo necesario a reflexionar en lo que pensamos y por qué. Para producir un cambio en el pensamiento, hay que empezar pensando en un cambio.

Al desafiar y cambiar el pensamiento se están echando los cimientos de los nuevos valores y perspectivas que reemplazarán a las creencias caducas. La pregunta que deberías formularte es: «¿Deseo realmente "pensar en un cambio" y marcar una diferencia creativa en mi vida y en la vida de los demás?».

Cuando hayas decidido que quieres marcar esa diferencia en el mundo, debes comprometerte en hacerla realidad. No seas una fotocopia, sino el documento original. Tómate el tiempo para pensar en la forma en la que te estás limitando en la vida intentando ser como cualquier otra persona. Si experimentas la insensata necesidad de adaptarte constantemente y de ser como los demás, prepárate para una vida de apatía y aburrimiento, sin mencionar la posibilidad de que los demás te consideren insoportable. Dicho en otras palabras, si quieres que tu vida sea aburrida, sé conformista y monótono; si quieres que tu vida sea interesante y excitante, entonces sé diferente.

> Sólo hay un éxito: ser capaz de pasar la vida a tu manera.
>
> *Christopher Morley*

Eres el único que puede elegir ser creativo, el único que puede hacer el trabajo que hay que hacer, el único capaz de suministrar la energía, entusiasmo, coraje, irrazonabilidad, espontaneidad, disciplina y persistencia necesarios. Tu vida será todo lo aventurera, excitante y reconfortante que quieras que sea.

El mundo actual está lleno de un número infinito de posibilidades de aplicar los principios de este libro. Recuerda que no debes caer en la tentación de convertirte en un sabelotodo, y al experimentar el júbilo de no saberlo todo, también deberás recordar que la creatividad no es la sociedad, que la creatividad no es tu organización, que la creatividad no es tu educación, que la creatividad no es tu inteligencia, y que la creatividad no son tus conocimientos. Entonces, ¿qué es la creatividad? La creatividad es tu capacidad natural de pensar de formas nuevas y maravillosas y de marcar una gran diferencia —e influir— en este mundo.

La creatividad es una palabra de dos letras. Creatividad es ¡____! (La única respuesta posible la encontrarás en la página 212 del Anexo).

Anexo

Soluciones a los ejercicios

Ejercicio 1-1.

Cómo sostener en pie un huevo apoyado en uno de sus extremos:
Colón y las cabezas de huevo

- Con un poco de pegamento.
- Con un chicle (goma de mascar).
- Echando un poco de sal en la mesa.
- Usando una huevera.
- Con un clavo.
- Golpea con cuidado la cáscara de un huevo duro hasta romperla ligeramente. De este modo, es muy fácil sostenerlo en pie.
- Espera hasta el próximo equinoccio y sostén el huevo en pie aprovechando las fuerzas electromagnéticas.
- Escribe «extremo» en el lateral de un huevo. Luego, apóyalo sobre el lateral donde has escrito «extremo»: el huevo se sostendrá apoyado en uno de sus «extremos».

Ejercicio 1-2. ¿Qué tienen en común una cama, un libro y una cerveza?

- Los tres objetos están representados por palabras que, pronunciadas del revés, carecen de significado.
- Los tres inducen al sueño.

- Los tres se pueden encontrar en la mayoría de las habitaciones de hotel.
- Si los tiras desde un séptimo piso, se hacen pedazos.
- En general, los peces no suelen necesitarlos.
- Se venden en los grandes almacenes.
- No hay que ser un intelectual para pasar un buen rato con ellos.
- Los tres objetos se pueden imaginar.
- Los tres objetos se pueden robar.
- Al morir, no puedes llevarte ninguno de ellos al otro mundo.
- Los tres sirven de regalo.
- Se puede disfrutar de los tres al mismo tiempo.
- Los tres se pueden emplear para potenciar el sexo (si eres creativo).
- Todos se han utilizado en el rodaje de películas.
- David Letterman los ha mencionado a los tres en su *show*.
- Se pueden comprar por una cantidad razonable.
- Los tres se han usado alguna que otra vez para ganar dinero.
- Los tres han creado problemas a más de uno (por ejemplo, el libro *Versos satánicos*).
- Ninguno de ellos forma parte del equipo estándar de un Rolls Royce.
- No tienen nada que ver con las palomas.
- Cuando se congelan, los tres son sólidos.

Ejercicio 2-3. El viejo truco del «nueve en seis»

Añade la línea tal y como se indica en la ilustración y vuelve la página del revés para obtener el VI.

Ejercicio 2.4. El ejercicio «clásico» de los nueve círculos

Parte A

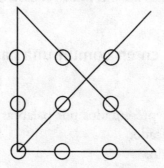

Parte B

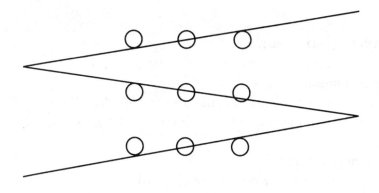

Parte C

Esta parte tiene un mínimo de siete soluciones, una de las cuales consiste en cortar los nueve círculos con unas tijeras y alinearlos. Luego, se traza una línea recta que los una. Otra solución consiste en usar una línea muy gruesa.

Ejercicio 4–4. Jugando con cerillas (b)

1. Mueve una cerilla del II para formar **III + I = IV**. (Como observarás, teniendo en cuenta que hay dos cerillas que se pueden mover, se trata de dos soluciones en lugar de una.)

2. Mueve una cerilla del III para formar **II + II = IV**. (En realidad, son tres soluciones, ya que tienes la posibilidad de mover cualquiera de las tres cerillas que forman el III.)

3. Mueve la cerilla vertical del IV para formar **III + II = V**.

4. Mueve una de las cerillas del V para formar **IIII − II = II**. (La última cerilla permanece inclinada.)

5. Mueve la cerilla del signo menos para formar **IIIIII = IV**. Ahora observa el resultado reflejado en un espejo; leerás **VI = IIIIII**.

6. Coge la cerilla vertical del IV, pártela por la mitad y usa las dos mitades para formar **−III − II = −V**.

7. Coge una de las cerillas del V y enciéndela. Luego quema la que queda del V y tira la que has encendido para formar **II − II = I**.

8. Mueve una de las cerillas del III y colócala sobre el signo igual para formar **II − II ≠ IV**.

Ejercicio 6-3. Ventajas (y desventajas) de beber en el trabajo

Ventajas
- La gente es más creativa.
- A los empleados les gusta más ir al trabajo.
- Mejor comunicación.
- Es un método excelente para identificar a los alcohólicos.
- Es una buena forma de obtener ingresos adicionales para la compañía.

Desventajas
- Disminuye la seguridad.
- Hay más gente que se duerme en el trabajo.
- La productividad cae en picado.
- Se necesitan más lavanderías.
- Aumentan los ligues, lo cual, según se mire, también puede ser una ventaja.
- Puede provocar peleas entre el personal.

Interesante
- ¿Qué ocurriría si se permitiera beber en ocasiones especiales?
- ¿Cuánta gente bebe realmente en el trabajo?

Ejercicio 8-7. El *graffiti*-rompecabezas

El propietario del camión había cogido un poco de pintura y había modificado el *graffiti* para que pudiera leerse:

FORD

Ejercicio 8-9. El barco

El marinero es chino porque su padre y su madre lo eran.

Capítulo 9 — Desviador de la mente 2

El primer ministro compró los números dos y cuatro para la dirección de su casa.

Capítulo 9 — Jeroglífico de los desviadores de la mente

Apuesto a que habías pensado que iba a ser fácil. ¡Pues no! Y para complicarlo un poco más, he desordenado las soluciones.

«gripe» con falta de or-
tografía
cerebro despedazado
tres en raya
pintando sobre mi
conocimiento
desigualdad de sexos
cambio de paradigma
fuera de tiempo
hombre extraviado
inclinado a la honradez
a tiempo parcial
llegar a tiempo

decisión partida (deci-
sión con una doble
alternativa)
a punto de girar
señales confusas
lapsus salarial
triple juego
doble giro
facciones divididas
van detrás de mí
sueños echados a perder
ver a través de la blusa
té de la tarde

cálculo erróneo
derechos iguales
dejar en blanco
lógica inversa
la espada pende sobre
mí
cajón de juguetes
largo fin de semana
negocio inacabado
el ascensor está
subiendo
vías sin carga
vía superior

Ejercicio 12–1. Abreviaturas para distender la mente

1. Cuatro pares igual a ocho.
2. *J* significa Jaguar.
3. *CM* significa centímetro.
4. *O* significa oeste.
5. *N* significa norte.
6. EEUU significa Estados Unidos de América.
7. *D* significas década.
8. *M* significa mes.
9. *S* significa San.
10. *R* significa Ronald.
11. *H* significa *Help!*
12. *C* significa ciento.
13. *R* significa ríe.
14. *A* significa año.
15. *R* significa Rolling.
16. *G* significa gran.
17. *JC* significa Jesucristo.
18. *LL* significa llegué.
19. *L* significa lustro.
20. *V* significa Vanguardia.
21. *P* significa Paul.
22. *L* significa luz.
23. *M* significa Madonna.
24. *E* significa estatua.
25. *M* significa meses.

Ejercicio 13-1. El doble de peces, pero el mismo cuadrado

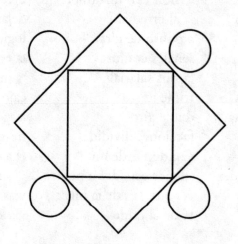

Ejercicio 13-3. Cuando se rompe la cadena de exigencias

Sólo hay que cortar dos eslabones. Si el hombre de negocios corta el séptimo y el noveno, le quedarán dos eslabones sueltos, una cadena de tres eslabones, otra de seis y otra de doce. De este modo podrá realizar el pago de un eslabón diario durante veintitrés días. Por ejemplo, el quinto día, entregará al hotelero los dos eslabones sueltos y la cadena de tres eslabones.

Capítulo 16 — [p. 205]

Bibliografía

Bach, Richard. *Ilusiones,* Madrid, Suma de Letras, 2001.

Buzan, Tony y Barry Buzan. *El libro de los mapas mentales: cómo utilizar al máximo las capacidades de la mente*, Barcelona, Urano, 1996.

De Bono, Edward. *El pensamiento lateral*, Barcelona, Paidós Ibérica, 1993.

—, *Seis sombreros para pensar*, Barcelona, Granica, 1997.

Buchman, Dian Dincin y Seli Groves. *What if? Fifty Discoveries That Changed the World*. Nueva York, Scholastic, 1988.

Flatow, Ira. *They All Laughed*. Nueva York, HarperCollins, 1993.

Gawain, Shakti. *Vivir en la luz: libro de trabajo*, Málaga, Sirio, 1996.

Goleman, Daniel, Paul Kaufman y Michael Ray. *The Creative Spirit*. Nueva York, NAL-Dutton, 1993.

Hank, Kurt, y Jay Parry. *Wake Up Your Creative Genius*. Menlo Park, California, Crisp Publications, 1991.

Koberg, Don, y Jim Bagnall. *The Universal Traveler*. Menlo Park, California, Crisp Publications, 1991.

Kriegel, Robert J., y Louis Patler. *If It Ain'n Broke... Break It!* Nueva York, Warner Books, 1992.

LeBoeuf, Michael. *Imagineering — How to Profit from Your creative Powers*. Nueva York, Berkley Publishing Group, 1986.

Miller, William C. *The Creative Edge*. Reading, Massachusetts, Addison Wesley, 1989.

Nierenberg, Gerald I. *The Art of Creative Thinking*. Nueva York, Simon & Schuster, 1982.

Nolan, Vincent. *Problem Solving*. Londres, Sphere Books, 1987.

Ray, Michael, y Rochelle Myers. *Creativity in Business*. Nueva York, Doubleday & Co., 1989.

Raudsepp, Eugene, *Growth Games for the Creative Manager*. Nueva York, Perigee Books, 1987.

Saint-Exupéry, Antoine de. *El principito*, Madrid, Alianza, 2001.

Sher, Barbara. *Wishcraft: How to Get What You Really Want*. Nueva York, Delacorte Pres, 1994.

Shock, Robert L. *Why Didn't I Think of That?* Nueva York, New American Library Books, 1982.

Thompson, Charles. *What a Great Idea!* Nueva York, HarperCollins, 1992

—, y Lael Lyons. *«Yes But...» The Top Forty Killer Phrases and How to Fight Them*, Nueva York, Harper Business, 1994.

Torrance, Paul. *The Search for Satori & Creativity*. Nueva York, Creative education Foundation & Creative Synergetic Associates, 1979.

Van Gundy, Arthur B. *Training Your Creative Mind*. East Aurora, Nueva York, Beally Ltd., 1991.

Von Oech, Roger. *A Kick in the Seat of the Pants*. Nueva York, HarperCollins, 1986.

—, *A Whack on the Side of the Head*. Nueva York, Warner Books, 1993.

Waitley, Denis E. *Winning the Innovation Game*. Nueva York, Bekley Publishing Group, 1986.

Ernie Zelinski es consultor y conferenciante profesional en el área de la creatividad aplicada a los negocios y al tiempo libre. Ha escrito *The Joy of Not Working*, que ha enseñado a más de 50.000 lectores a vivir a tope todos y cada uno de los aspectos de su vida —trabajo, juego, empleo, desempleo y jubilación por igual—. Ernie reside en Edmonton, Alberta (Canadá), donde además de frecuentar sus cafeterías favoritas, disfruta practicando el ciclismo, el tenis, leyendo y viajando.

Si deseas ponerte en contacto con él o hacerle algún comentario, Ernie estará encantado de atenderte. Escribe a:

Ernie Zelinski
P.O. Box 4072
Edmonton, Alberta
Canada T6E 4S8

Ernie Zelinski está disponible como conferenciante y coordinador de seminarios de primera fila en las áreas de la creatividad y el ocio. Si deseas más información, ponte en contacto con Visions International Presentations llamando al teléfono (403) 436-1798.